King's Cross
Bahnsteig 9 3/4
King's Cross
St. Pancras
Angel
Pentonville Road
King's Cross Road
City Road
Gray's Inn Road
Goswell Road
Farringdon Road
Old Street
Old Street
Russell
Square
Clerkenwell Road
Theobalds Road
Barbican
Farringdon
Moorgate
Liverpool
Street
Holborn
High Holborn
Chancery
Lane
Holborn
Museum
of London
London Wall
Kingsway
Farringdon Street
Moorgate
Bishopsgate
St. Paul's
Gherkin
St. Paul's
Cathedral
Cheapside
Threadneedle St.
Aldgate
Fleet Street
Bank
Leadenhall
Market
Covent
Garden
Aldwych
Blackfriars
Mansion
House
Monument
Temple
Cannon
Street
Tower
Hill
Strand
Monument
Victoria Embankment
Themse
Blackfriars
Bridge
Millennium
Bridge
Charing
Cross
Waterloo
Bridge
Southwark
Bridge
Lower Thames Street
London
Bridge
Tower of
London
Tate
Modern
Shake
speare's
Globe
Embankment
Stamford Street
Blackfriars Road
Golden
Hinde
HMS
Belfast
Southwark Street
London
Bridge
Borough
Market
Tooley Street
Tower
Bridge
The
Shard
Rathaus
London
Eye
York Road
Waterloo
Southwark
Southwark Bridge Road
Borough High St.
Waterloo Road
Greenwich
Westminster
Westminster
Bridge
Borough
Lambeth North
Parlament
Westminster Bridge Rd
Tower Bridge Road
Lambeth Road
Elephant
& Castle
Lambeth
Bridge
New Kent Road
Kennington Road

Wir freuen uns über deine Meinung zum Reiseführer und über Verbesserungsvorschläge! Schick uns eine E-Mail an: info@lonitzberg.at
Unter allen Einsendungen verlosen wir monatlich – unter Ausschluss des Rechtswegs – ein Überraschungspäckchen.

Besuch uns auch im Internet: www.lonitzberg.at

3., überarbeitete und aktualisierte Auflage 2020

Text: Kristina Pongracz
Illustrationen: Lili Richter
Gestaltung: Ursula Grande
Druck: Prime Rate, Budapest

ISBN: 978-3-903289-04-8

Die Symbole bedeuten:

- ✉ Adresse
- U-Bahnstation
- Schiffsstation
- Öffnungszeiten
- € Es ist Eintritt zu bezahlen. / Der Eintritt ist frei.
- Homepage
- ! zusätzliche Information

London für dich!

Der Reiseführer
mit **Comics** und **Rätseln**

Name und Adresse
deines Hotels:

Vorwahlnummern

nach London
zu einer Festnetznummer: 0044 20
zu einem britischen Handy: 0044
und dann die Handynummer
ohne die erste 0

Notruf: 999

von London
nach Deutschland: 0049
nach Österreich: 0043
in die Schweiz: 0041
und dann die Telefonnummer ohne die erste 0 (Bei eingespeicherten Nummern funktioniert das meistens automatisch.)

Hier siehst du König **Henry VIII.**
Er gründete die anglikanische Kirche – aber nicht, weil er so religiös war …
Auf S. 31 erfährst du sein Motiv.

Entdeckst du die 10 Unterschiede?

Inhaltsverzeichnis

Welcome to London!

London ist die **Hauptstadt des Vereinigten Königreichs von Großbritannien und Nordirland** und die nach Moskau und Istanbul bevölkerungsreichste Stadt Europas: **8,9 Millionen Menschen** leben hier. (Zum Vergleich: Berlin hat 3,6 Millionen Einwohner, Wien 1,9 Millionen und Bern 143.000.)

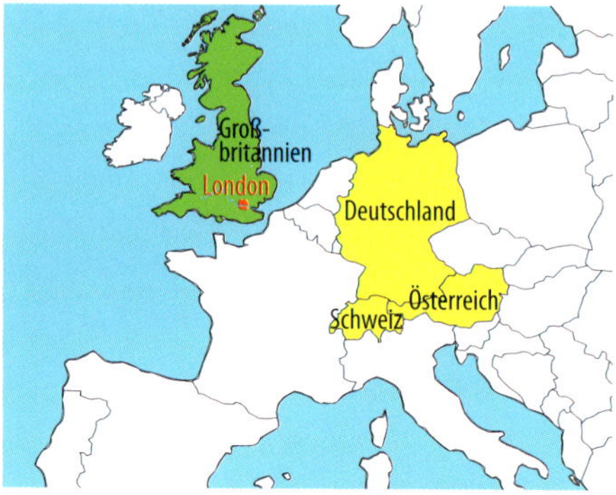

Durch London fließt die **Themse.** Die ersten Siedlungen entstanden am nördlichen Flussufer, dort, wo sich heute die Stadtbezirke **City of London** ❶ (kurz: City) und **City of Westminster** ❷ (kurz: Westminster) befinden.
Im Lauf der Zeit siedelten sich immer mehr Menschen in der Umgebung an. London wurde immer größer und hat heute 33 Stadtbezirke.

Du wirst dich wahrscheinlich vor allem in der City und in Westminster aufhalten, denn hier befinden sich die meisten Sehenswürdigkeiten: der **Tower** ❶ und die **Tower Bridge** ❷, das **Parlament** mit **Big Ben** ❸, die **Westminster Abbey** ❹, der **Buckingham Palace** ❺, die **St. Paul's Cathedral** ❻ und noch viel mehr.

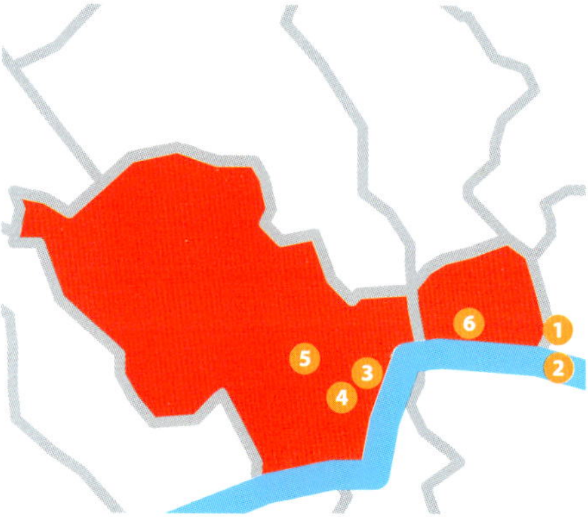

Welcome to London!

London ist **eine der teuersten Städte der Welt,** und der Eintritt zu den meisten Sehenswürdigkeiten kostet sehr viel. Aber zum Glück kannst du viele **Museen kostenlos** besuchen – und Londons Museen sind wirklich cool (→ S. 74–82).

REKORD

London hat die **älteste U-Bahn der Welt!** Die erste U-Bahnlinie wurde im Jahr 1863 eröffnet.
„The Tube" (das bedeutet „Röhre", und so nennen die Londoner ihre U-Bahn) wird **täglich** von **bis zu fünf Millionen Fahrgästen** benutzt.

Die Londoner **Busse** transportieren durchschnittlich sogar **sechs Millionen Passagiere pro Tag!**

Du solltest unbedingt eine Fahrt mit einem **Doppeldeckerbus** machen! Tipp: Von April bis September sind an Wochenenden und in den Ferien auf der Linie 15 (Trafalgar Square – Tower Hill) teilweise noch die alten Busse mit offener Eingstiegsplattform und Schaffner unterwegs.

Wenn du sehr viele Sehenswürdigkeiten anschauen willst, kannst du überlegen, ob der **London Pass** eine sinnvolle Investition ist: www.londonpass.de

London ist anders!

Die britische Währung heißt **Pound.**
1 Pound (£) = 100 Pence (p)

1 Pound ≈ 1,2 Euro ≈ 1,3 CHF
1 Euro ≈ 0,9 Pound
1 CHF ≈ 0,8 Pound
(Das ändert sich allerdings ständig. Check deshalb vor deiner Reise den aktuellen Wechselkurs.)

In Großbritannien gilt **Linksverkehr** – die Autos fahren auf der linken (für uns: der „falschen") Straßenseite. Wenn du eine Straße überqueren willst, musst du also zuerst nach rechts schauen.

Die Briten verwenden auch **andere Maßeinheiten:**
1 inch = 2,5 cm
1 foot = 30,5 cm
1 yard = 91,5 cm
1 mile = 1,6 km

Und sie ticken sogar anders als wir! Ihre **Uhren gehen nämlich eine Stunde nach:** Wenn es bei uns 9 Uhr ist, ist es in London erst 8 Uhr (den Grund dafür erfährst du auf S. 71–72).

Es beginnt mit den Römern

Vor 2000 Jahren eroberten die Römer Britannien. Dort, wo sich heute der Stadtbezirk **City of London** befindet, gründeten sie die Siedlung **Londinium.**

Die Lage war günstig: Die Römer kamen von der Nordsee, und über die **Themse,** die in die Nordsee fließt, konnten sie Londinium bequem erreichen.
Von hier aus **gelangten sie auch gut zu anderen Orten** in Britannien.
Außerdem war die Themse hier ziemlich seicht, sodass die Römer eine **Brücke** bauen konnten (das taten sie ungefähr an der Stelle, wo sich heute die London Bridge befindet).

Londinium wurde eine **wichtige Hafen- und Handelsstadt.**

Als die Römer aber zu Hause Probleme bekamen (ihr riesiges Reich zerfiel), zogen sie alle Legionen wieder aus Britannien ab. Londinium **wurde verlassen und verfiel.**

London im Mittelalter

Als nächstes wurde England von den germanischen Völkern der Angeln und Sachsen erobert, die dann zu den **Angelsachsen** zusammenwuchsen.
Im 7. Jahrhundert **siedelten** sie sich im verfallenen **London** an.

Um das Jahr 1050 verlegte der angelsächsische König **Edward der Bekenner** seine Residenz ein Stück in den Westen, nach **Westminster** – später **wuchsen** die beiden Siedlungen **Westminster** und **City of London** zu einer Stadt **zusammen.**

Als Edward kinderlos starb, brach ein Streit um die Nachfolge aus. Edwards Cousin William, der Herzog der Normandie (im heutigen Frankreich), besiegte die Angelsachsen in der Schlacht bei Hastings. Er ließ sich zum König krönen und wurde von da an **William der Eroberer** genannt.

In London ließ William eine mächtige Festung bauen: den **Tower.**

circa 47 nach Christus Die Römer gründen Londinium.	**410** Die Römer verlassen Londinium wieder.	**circa 1050** Edward verlegt seine Residenz nach Westminster.	**1066** William der Eroberer wird englischer König.

Vom Anfang bis heute

Eine neue Zeit

Wir überspringen 400 Jahre: Am Beginn der Neuzeit brachen europäische Seefahrer zu **Entdeckungsreisen** in weit entfernte Teile der Welt auf. Der Handel mit den fernen Ländern brachte viel Geld.

Damals regierte König **Henry VIII.** Er gründete die **anglikanische Kirche** (→ S. 31) und ist heute vor allem bekannt, weil er sechsmal geheiratet hat.

Während der Regierungszeit von Henrys Tochter **Elizabeth I.** wurde England zur **Seemacht** und London zum wichtigen **Handelszentrum.**

In ihrer Freizeit gingen die Londoner gern ins **Theater.** Damals konnten sie **William Shakespeare** live sehen – der berühmte Schriftsteller war nämlich auch Schauspieler.

Einige Zeit später brachen zwei Katastrophen aus: 1665 wütete die **Pest** in London, und ein Jahr später vernichtete das **Große Feuer** fast die ganze City.

England als Kolonialmacht

1492 entdeckte Christoph Kolumbus für die Spanier Amerika, und kurz darauf fand der Portugiese Vasco da Gama den Seeweg nach Indien. Der Handel mit Waren aus diesen Ländern brachte großen Gewinn – da wollten auch die Engländer mitmachen! Sie errichteten Handelsstützpunkte und gründeten **Kolonien** (das heißt, sie übernahmen die Herrschaft über fremde Gebiete).

So wurde Großbritannien das **größte** REKORD **Reich der Welt!** Nach dem Ersten Weltkrieg (da war es am allergrößten) gehörte ein Viertel der Erde zum Britischen Reich! Und das ist auch der Grund, weshalb **Englisch DIE Weltsprache** ist.

Die kolonisierten Länder waren mit der britischen Herrschaft aber nicht zufrieden, denn ihre **Bevölkerung** wurde **ausgebeutet** und teilweise sogar versklavt. Es gab viele Versuche, sich von der Fremdherrschaft zu befreien, aber erst nach dem Zweiten Weltkrieg war es soweit: Großbritannien entließ seine Kolonien in die **Unabhängigkeit.**

1509–1547
König Henry VIII. regiert.

1558–1603
Königin Elizabeth I. regiert.

1592–1610
William Shakespeare wohnt und arbeitet in London.

1666
Das Große Feuer bricht aus.

Deutsche Könige

Im Jahr 1714 bekam Großbritannien einen deutschen König: Weil Königin Anne kinderlos gestorben war, wurde ihr Cousin, der Kurfürst von Hannover, als **George I.** zum neuen König gekrönt. Seine Nachfolger waren **George II., George III.** und **George IV.**

Großbritannien nahm immer mehr Kolonien in Besitz – und London wurde immer reicher.

Weil der **Hafen** längst zu klein für die vielen Handelsschiffe war, baute man neue Hafenbecken und Lagerhäuser.

In der zweiten Hälfte des 18. Jahrhunderts begann in Großbritannien die **Industrialisierung:** Die Bevölkerung war stark gewachsen. Um sie mit Gütern zu versorgen, konstruierten Erfinder neue Maschinen. Dem Schotten James Watt gelang es, die Dampfmaschine so weiterzuentwickeln, dass sie die neuen Maschinen antreiben konnte. Nun konnten viel mehr Waren hergestellt werden – und das weitaus schneller und billiger.

Das Viktorianische London

Im Jahr 1837 bestieg **Königin Victoria** den Thron. Weil sie sehr lange – 63 ½ Jahre! – regierte, bekam diese Zeit den Namen **Viktorianisches Zeitalter.**

Als Victoria Königin wurde, war die Industrielle Revolution in vollem Gange. **Immer mehr Menschen** kamen nach London, weil sie Arbeit in den vielen **neuen Fabriken** und im Hafen suchten. Doch das Leben in London war hart, und die meisten Arbeiter lebten in **großer Armut** in übervölkerten Elendsvierteln.

Damit die vielen neuen Waren schneller transportiert werden konnten, entwickelten Ingenieure die Dampfeisenbahn und das Dampfschiff. 1836 wurde Londons erste Eisenbahnstrecke eröffnet, und **1863** erhielt London die **erste**
REKORD **U-Bahn der Welt!**

Die neuen Maschinen produzierten auch Eisen, Stahl, Glas und Beton in großer Menge. Und die Londoner nutzten diese Baustoffe – es wurde mehr gebaut als je zuvor.

1800
London hat eine Million Einwohner und ist die größte Stadt der Welt.

1837–1901
Königin Victoria regiert.

1863
London bekommt die erste U-Bahn der Welt.

Vom Anfang bis heute

Das 20. Jahrhundert

Im Ersten Weltkrieg waren Großbritannien und Deutschland Feinde – da war es ungünstig, dass die Königsfamilie einen deutschen Nachnamen trug. (Sie hieß Sachsen-Coburg und Gotha, nach dem Mann von Königin Victoria.) Deshalb änderte George V. seinen Nachnamen in **Windsor** – so heißt ein königliches Schloss in der Nähe von London.

Im **Zweiten Weltkrieg** wurden **viele Gebäude** in London durch deutsche Luftangriffe **zerstört.**

Nach dem Krieg erhielten die britischen Kolonien ihre Unabhängigkeit. Viele **Bewohner der ehemaligen Kolonien** zogen daraufhin **nach London.**

Im Warentransport wurden nun riesige Containerschiffe eingesetzt. Sie waren zu groß für die Londoner Hafenbecken, und so musste der **Hafen geschlossen** werden. Die Hafenanlagen verfielen zunächst, aber dann wurden sie saniert. Heute sind die **Docklands** (so werden die ehemaligen Hafengebiete genannt) ein **exklusives Wohn- und Büroviertel.**

London heute

Multikulti – dieses Wort passt wohl zu keiner Stadt so gut wie zu London: Hier leben Menschen aus 160 Ländern! Mehr als 300 Sprachen werden in London gesprochen, und weniger als die Hälfte aller Londoner hat Englisch als Muttersprache. Das Zusammenleben so vieler unterschiedlicher Kulturen bringt auch Schwierigkeiten mit sich – das Thema Integration wird nicht nur bei uns diskutiert.

Das Leben in London ist **sehr teuer.** Die Wohnungspreise sind weltweit die zweithöchsten (nach Tokio). Auch Menschen, die gute Jobs haben, können sich oft keine schöne Wohnung in London leisten und müssen sich deshalb außerhalb der Stadt ansiedeln.

Im Jahr 2016 beschloss Großbritannien, aus der Europäischen Gemeinschaft auszutreten – seitdem wird gestritten und es nicht klar, wie es dem Land nach dem Austritt **(Brexit)** gehen wird.

London ist eine wichtige **Tourismusstadt.** 48 Millionen Besucher kommen jedes Jahr hierher. Und du bist einer von ihnen!

1952
Königin Elizabeth II. besteigt den Thron.

2000
Zur Jahrtausendwende wird in London viel Neues gebaut.

2016
Großbritannien beschließt den Brexit.

Von Häusern und Kirchen

Gotik

circa 1200 – 1550

In der Gotik ist alles **hoch und spitz.** Du erkennst gotische Kirchen an den hohen Fenstern mit spitz zulaufenden Bögen, den spitzen Ziergiebeln über Türen und Fenstern und den Türmchen mit den spitzen Dächern.
Eine Ausnahme gibt es: Über dem Eingang befindet sich oft ein **rundes Fenster** mit **Maßwerk** (das sind die aus dem Stein herausgehauenen geometrischen Muster). Es erinnert an ein Mandala. Und auch Wände, Fenster und Dächer sind mit Maßwerk geschmückt.

In London sind nicht mehr viele Gebäude aus der Gotik erhalten. Das bekannteste ist die **Westminster Abbey** (→ S. 27).

Klassizismus

circa 1620 – 1830

Im Klassizismus nahmen sich die Architekten **antike griechische** und **römische Bauwerke** zum Vorbild. Die Gebäude sind relativ **einfach** gestaltet, ohne üppige Verzierungen.
Typisch sind **Säulen** und aus der Mauer hervortretende **Pfeiler,** die sich oft über zwei Stockwerke ziehen. Über Fenstern und Türen befinden sich meistens kleine Dächer: **Gesimse** (waagrechte Streifen) oder **Dreiecks-** und **Rundgiebel.**

Der erste, der in London klassizistische Gebäude entwarf, war **Inigo Jones.** Der bekannteste Architekt des Klassizismus ist **Christopher Wren.**

Banqueting House

Mansion House

Londons Architektur

Viktorianische Zeit

circa 1840 – 1900

Während der Regierungszeit von Königin Victoria kopierte man Baustile aus vergangenen Zeiten. So wurde weiter **klassizistisch** gebaut, aber auch im Stil der **Neugotik,** der die Gotik nachahmt.

*Das neugotische **Parlament***

Durch die Industrielle Revolution standen maschinell hergestellte **Eisen- und Glasteile** zur Verfügung, die recht schnell zusammengesetzt werden konnten. Große Bauprojekte wie Bahnhöfe, Kaufhäuser und Markthallen wurden aus Eisen und Glas errichtet.

*Der **Leadenhall-Markt***

Oft wurde die Eisenkonstruktion hinter einer neugotischen Fassade versteckt.

*Die eisernen Brückenpfeiler der **Tower Bridge** befinden sich in den neugotischen Türmen.*

Wolkenkratzer

1960er-Jahre – heute

Lange Zeit bestimmte das Londoner Baugesetz, dass Gebäude nicht höher als 30 Meter sein durften. In den 1960er-Jahren wurde diese Beschränkung gelockert, und seitdem entstanden in London viele Hochhäuser.

Im **Stadtzentrum** gelten aber nach wie vor **strenge Richtlinien:** Von bestimmten Punkten aus muss die Sicht auf den Tower, die St. Paul's Cathedral und das Parlament frei bleiben.

In den letzten Jahren bemühen sich die Architekten vermehrt, den **Energieverbrauch** neuer Hochhäuser zu **senken.** Die Außenwände werden besser gedämmt, und durch gebogene Formen wird die Außenfläche der Gebäude verringert (je weniger Außenfläche, desto weniger heizt sich das Gebäude bei Hitze auf bzw. kühlt bei Kälte ab – das wiederum verringert den Einsatz von Heizung und Klimaanlage).

__Tower 42,__ der älteste Wolkenkratzer im Stadtzentrum, wurde im Jahr 1980 fertiggestellt. Er ist 183 Meter hoch.

__Gherkin__ ist 180 Meter hoch.

__The Shard__ ist mit 310 Metern Londons höchster Wolkenkratzer.

So viel zu sehen!

Hier kannst du ankreuzen, was du gesehen hast und wie es dir gefallen hat.

gesehen		Cool!	o.k.	na ja …
☐	Tower of London	☐	☐	☐
☐	Tower Bridge	☐	☐	☐
☐	Westminster Abbey	☐	☐	☐
☐	Parlament	☐	☐	☐
☐	Downing Street Nr. 10	☐	☐	☐
☐	Trafalgar Square	☐	☐	☐
☐	Buckingham Palace	☐	☐	☐
☐	Chinatown	☐	☐	☐
☐	Piccadilly Circus	☐	☐	☐
☐	City of London	☐	☐	☐
☐	St. Paul's Cathedral	☐	☐	☐
☐	London Eye	☐	☐	☐
☐	Tate Modern	☐	☐	☐
☐	Shakespeare's Globe	☐	☐	☐
☐	Golden Hinde	☐	☐	☐
☐	HMS Belfast	☐	☐	☐
☐	Greenwich	☐	☐	☐
☐	British Museum	☐	☐	☐
☐	Natural History Museum	☐	☐	☐
☐	Science Museum	☐	☐	☐
☐	Museum of London	☐	☐	☐
☐	Harry-Potter-Filmstudio oder Bahnsteig 9 ¾	☐	☐	☐
☐	Madame Tussauds	☐	☐	☐
☐	Fußballstadion	☐	☐	☐
☐	Harrods	☐	☐	☐

Tower of London
Tower Hill
Jan–Feb Mo 10.00–16.30, Di–Sa 9.00–16.30, So 10.00–16.30 Uhr
März–Okt Mo 10.00–17.30, Di–Sa 9.00–17.30, So 10.00–17.30 Uhr
Nov–Dez Mo 10.00–16.30, Di–Sa 9.00–16.30, So 10.00–16.30 Uhr
Letzter Einlass 30 Minuten vor Schließung.
€ Eintritt
! Die Warteschlange vor dem Ticketschalter ist oft sehr lang. Am besten kaufst du die Eintrittskarten deshalb auf der Tower-Homepage (dort sind sie auch 20 % billiger als vor Ort) oder im *Traders Gate-Shop* (10 % billiger), der sich am Fuß der Treppe zur U-Bahnstation Tower Hill befindet.
www.hrp.org.uk/tower-of-london

Entdeckst du die 10 Unterschiede?

Tower

1. Eingang
2. Verräter-Tor
3. Bloody Tower
4. Enthauptungs-Denkmal
5. Juwelenhaus
6. White Tower
7. Eingang Mittelalterlicher Palast
8. Rabenkäfig

Über den Tower

Der normannische Herzog William eroberte im Jahr 1066 England (deshalb wird er **William der Eroberer** genannt). Natürlich waren die Engländer nicht glücklich über den ausländischen Herrscher – das wusste William. Also konnte eine Burg, in der er vor Feinden geschützt war, nicht schaden. Eine Burg würde auch allen zeigen, wie mächtig er war – und dass man sich besser nicht mit ihm anlegen sollte!

Gedacht – getan! William holte Steinmetze aus seiner Heimat, der Normandie – die waren nämlich Meister im Burgenbau. Und das Ergebnis kann sich sehen lassen!

Nie zuvor hatten die Engländer ein so **beeindruckendes Bauwerk** gesehen. Ihre Häuser waren klein und aus Holz. Der Tower aber war riesig – und er war aus Stein! Er überragte alle anderen Gebäude und war von Weitem zu sehen.

Übrigens

Williams Festung wird **White Tower** *(Weißer Turm)* genannt.
Warum? – Die Burg wurde im 13. Jahrhundert weiß gestrichen. Und obwohl sie schon lange nicht mehr weiß ist, hat sie diesen Namen behalten.

Williams **Nachfolger verstärkten und vergrößerten den Tower:** Sie bauten Befestigungsmauern, einen Burggraben und zusätzliche Gebäude.

Weil der Tower so sicher war, wurden hier die **Schatzkammer,** die **Münzprägestätte** und das **Waffenlager** untergebracht. Außerdem bewahrte man hier **wichtige Dokumente** auf, und auch als **Gefängnis** wurde der Tower genutzt.

Es geht los!

1 Stell dir vor: Du lebst im Mittelalter und willst in den Tower eindringen. Zuerst musst du durch den mit Wasser gefüllten Burggraben schwimmen. Das Tor dahinter ist durch ein Fallgitter versperrt. Deshalb musst du über die Burgmauer klettern – doch hinter den Schießscharten warten schon die Bogenschützen auf dich! Außerdem stehen die Wachen auf der Mauer bereit, um siedendes Öl auf dich zu gießen. Falls es dir wirklich gelingen sollte, all diese Hindernisse zu überwinden, hast du es aber noch immer nicht geschafft. Denn dann stehst du vor einer zweiten, der inneren Burgmauer!
Kein Wunder, dass der Tower **nie von Feinden erobert** werden konnte.

Übrigens

Die Männer in den dunkelblau-roten Uniformen sind die Wächter des Towers, die **Yeoman Warders** oder **Beefeaters.** Sie wohnen mit ihren Familien auch hier, zum Beispiel in der Gasse links hinter dem Eingang (gegenüber dem Shop).

Die Yeoman Warders bieten kostenlose **Führungen** an (nur auf Englisch, Treffpunkt beim Tower-Eingang).

Wenn du geradeaus zwischen der inneren (linken) und der äußeren (rechten) Burgmauer entlanggehst, kommst du zu einem 2 Torbogen in der äußeren Mauer. Das war früher die **Bootseinfahrt.** Weil aber auch die Gefangenen durch dieses Tor in den Tower gebracht wurden, bekam es den Namen **Verräter-Tor.**

Natürlich war auch dieser Eingang gesichert: Siehst du die Schießscharten? Und schau mal in den rechten Turm.

Gegenüber dem Verräter-Tor führt ein weiteres Tor, das mit einem Fallgitter versperrt werden konnte, durch die innere Burgmauer und den Bloody Tower.

Dahinter siehst du rechts Williams Burg. Dorthin geht's später – jetzt steigst du links die Treppe zum 3 **Bloody Tower** hinauf. Gleich hinter dem Eingang siehst du rechts das Fallgitter, unter dem du gerade durchgegangen bist.

Der Tower war eine uneinnehmbare Festung. Und wo der Feind nicht reinkommt, kommt er auch nicht raus! Deshalb eignete sich der Tower auch perfekt als **Gefängnis.**

Für manche Gefangene (nämlich die Promis) war die Haft aber recht komfortabel, wie du an der „Zelle" links siehst: Hier wurde der Abenteurer und Schriftsteller **Walter Raleigh** 13 Jahre lang gefangen gehalten (er wurde beschuldigt, an einer Verschwörung gegen den König mitgemacht zu haben). Er durfte sich aber frei im Tower bewegen und Gäste empfangen. Auch seine Familie und seine Diener wohnten hier.

Im ersten Stock erfährst du, wie der Bloody Tower *(Blut-Turm)* zu seinem Namen kam: Als König Edward IV. im Jahr 1483 starb, wurde sein Sohn, Prinz Edward, der neue König. Weil er aber erst zwölf Jahre alt war, übernahm sein Onkel Richard für ihn die Regierung. Und der ließ Edward und seinen neunjährigen Bruder in den Tower bringen – wo sie spurlos verschwanden!
Es wird vermutet, dass **Richard die beiden Prinzen ermorden ließ,** um selbst König zu werden – aber bis heute gibt es keinen Beweis dafür.

Folge, wenn du wieder aus dem Bloody Tower kommst, dem Weg geradeaus. Du gehst an Williams **White Tower** entlang.

Auch hier wurden Gefangene untergebracht. Und gleich dem allerersten Gefangenen, **Ranulf Flambard,** gelang im Jahr 1101 die Flucht: Freunde hatten in einem Fass Wein ein Seil zu ihm geschmuggelt. Flambard bot den Wein seinen Wachen an, und als diese betrunken einschliefen, seilte er sich aus dem Fenster ab!

Links auf dem Platz befindet sich eine **4 runde Glasscheibe mit einem Kissen** darauf. Sie erinnert an die **zehn Gefangenen, die im Tower geköpft wurden.** Es wurden aber noch viel mehr Gefangene hingerichtet. Die anderen Todesurteile wurden jedoch außerhalb des Towers vollstreckt, wo jeder zusehen konnte. Deshalb war es (auch wenn das komisch klingt) eine Ehre, im Tower, ohne gröhlende Menge hingerichtet zu werden. Nur sehr bedeutende Verurteilte kamen in diesen „Genuss".

Rechts vor dem **5 Juwelenhaus** bewachen zwei Gardesoldaten die **britischen Kronjuwelen.** Und die siehst du dir jetzt an!

Mein Tipp: Wenn du am Nachmittag kommst und viele Leute vor dem Juwelenhaus warten, kannst du die Kronjuwelen auch am Schluss ansehen – gegen Ende der Öffnungszeit wird die Warteschlange normalerweise kürzer.

*Um 14.45 Uhr findet hier übrigens eine kurze **Inspektion** statt. Anschließend marschieren wir zum Tower-Eingang, wo unser Offizier vom Chef-Yeoman Warder in einem Etui das **Losungswort** für die folgende Nacht erhält.*

Kleine Kronenkunde

Was haben alle Kronen gemeinsam?
Klar, sie sind wertvoll. Obwohl: Manche sind nicht ganz so wertvoll, wie sie aussehen. Denn bis vor 100 Jahren war es üblich, die Edelsteine für die Kronen vor einer Krönung auszuleihen und danach wieder zurückzugeben. Die Kronen wurden dann mit nicht so wertvollen Steinen besetzt.

Und was haben sie sonst noch gemeinsam?
Oben auf der Krone befindet sich eine Kugel mit einem Kreuz darauf. (Die Arme des Kreuzes werden nach außen hin breiter, dadurch sieht es manchmal fast wie ein Quadrat aus.) Das ist der **Reichsapfel,** der die Macht Gottes (das Kreuz) über die ganze Erde (die Kugel) symbolisiert. Und weil der König als Gottes Vertreter auf Erden galt, symbolisiert der Reichsapfel auch die allumfassende Macht des Königs. Unter dem Reichsapfel führen (meist vier) **Halbbögen** nach unten. An ihrem unteren Ende befinden sich **vier weitere Kreuze** und zwischen ihnen **vier Lilien** (Lilien waren lange Zeit ein Teil des englischen Wappens).

Nach ein paar Räumen, die dich auf die Kronjuwelen einstimmen sollen, wird es spannend: Du gehst durch eine Tresortür, am goldenen Krönungsmantel vorbei, und kommst zur **wertvollsten Juwelensammlung der Welt!** REKORD

Glaubst du, dass du erkennen kannst, welche Kronen mit wertvollen und welche mit nicht so wertvollen Steinen geschmückt sind? Probier's aus und lies erst danach weiter.

1. Vitrine

Im **Zepter mit dem Kreuz** ist der **größte geschliffene Diamant der Welt** verarbeitet! REKORD Er hat ein Gewicht von 530 Karat (das sind 106 Gramm) und wurde aus dem größten je gefundenen Rohdiamanten gespalten. Nach dem Besitzer der Diamantenmine, Thomas Cullinan, wird er **Cullinan I** genannt. Auch acht weitere Stücke aus diesem Diamanten gehören zu den Kronjuwelen.

Übrigens

Die Mine befindet sich in Südafrika. Weil man Angst hatte, dass der Cullinan-Diamant während des Transports nach England gestohlen werden könnte, wurde er auf der Reise streng bewacht. – Doch dieser bewachte Stein war nur eine Attrappe, der echte Diamant wurde als normales Päckchen verschickt! (Beide Steine kamen übrigens an.)

2. Vitrine

Mit der **Sankt-Edwards-Krone** werden die britischen Könige und Königinnen gekrönt. Lange Zeit lieh man die Edelsteine für die Krönungen aus – erst 1911 wurde die Krone dauerhaft besetzt: mit Halbedelsteinen. Die Edwards-Krone ist ziemlich schwer: Sie wiegt 2,23 Kilogramm. – Stell dir vor, du müsstest 2 ¼ Mehlpäckchen auf dem Kopf tragen! Weil das auch den Königen zu schwer ist, tauschen sie die Edwards-Krone am Ende der Krönungsfeier gegen die leichtere Staatskrone (die wiegt „nur" ein Kilo).

Übrigens

Der Vater von Königin Elizabeth II., George VI., hatte vor seiner Krönung Angst, dass der Erzbischof von Canterbury die Vorder- und die Rückseite der Krone verwechseln und ihn „falsch herum" krönen würde. Deshalb ließ er ein Stück roten Faden an die Vorderseite der Krone binden. Dummerweise entfernte aber jemand den Faden – und der Erzbischof verwechselte wirklich Vorder- und Rückseite!

3. Vitrine

Diese beiden **Kronen** wurden für zwei **Prinzen von Wales** angefertigt. Sie sind nicht mit Edelsteinen besetzt.

4. Vitrine

Auch bei der Krönung von **Königin Mary von Modena** waren die **Krone** (links) und das **Diadem** (Mitte links) mit geliehenen Diamanten und Perlen besetzt. Später wurden sie mit Bergkristallen und Zuchtperlen geschmückt.

Die **Krone der Königin Mary** (Mitte rechts) ist circa 100 Jahre alt. Damals war es nicht mehr üblich, Edelsteine für eine Krönung auszuleihen, und so ist die Krone mit 2.200 Diamanten besetzt! Die drei größten Steine sind aber trotzdem Kopien aus Bergkristall.

Warum? – Auch spätere Königinnen wollten die wertvollen Diamanten tragen. Das dritt- und das viertgrößte Stück aus dem Cullinan-Diamanten, die sich vorn in der Mitte des oberen Kreuzes bzw. unten vorn, direkt über dem Hermelinpelz, befanden, wurden zu einer Brosche verarbeitet. Und den Koh-i-Nûr-Diamanten, der vorn in der Mitte des unteren Kreuzes eingearbeitet war, wirst du in der nächsten Vitrine sehen.

Auch Indien gehörte früher zum Britischen Reich, und die **Kaiserkrone von Indien** (rechts) erhält den 1. Preis im Wett-Glitzern! Kein Wunder: Sie ist mit 6.100 Diamanten besetzt und außerdem mit 22 Smaragden, vier Rubinen und vier Saphiren.

5. Vitrine

2.800 Diamanten glitzern auf der **Krone von Königin Elizabeth, der Königinmutter** (das war die Mutter der jetzigen Königin, die auch Elizabeth hieß). In ihrem unteren Kreuz ist der berühmte **Koh-i-Nûr-Diamant** eingearbeitet, um den sich viele Sagen ranken – zum Beispiel, dass derjenige, der ihn besitzt, die Welt beherrschen wird oder dass er jedem Mann, der ihn trägt, Unglück bringen soll.

Es folgen noch zwei weitere Kronen: Die **Diamantkrone von Königin Victoria** ist winzig! Nach dem Tod ihres Mannes trug Victoria ihr ganzes Leben lang Trauerkleidung. Für den Witwenschleier ließ sie diese Krone anfertigen. Doch obwohl sie so klein ist, haben 1.187 Diamanten auf ihr Platz!

Am Schluss siehst du die **Staatskrone.** Das ist die Krone, die der König am Ende der Krönungsfeier statt der St.-Edwards-Krone trägt. Sie wird auch zu anderen Anlässen getragen und ist deshalb die am öftesten verwendete Krone. Die Staatskrone ist mit einem riesigen roten **Rubin** besetzt und darunter mit **Cullinan II,** dem zweitgrößten Stück aus dem Cullinan-Diamanten. Auf der Rückseite siehst du den blauen **Stuart-Saphir.** Und weil das noch nicht reicht, ist die Krone auch mit 2.867 Diamanten, 16 Saphiren, 11 Smaragden, 4 Rubinen und 269 Perlen geschmückt.

Das war's! Durch eine zweite Tresortür verlässt du das Juwelenhaus wieder.

Die Kronjuwelen sind also gut gesichert. Aber sie wurden nicht immer hier aufbewahrt, und die Sicherheitsvorkehrungen waren auch nicht immer so gut. Einmal wurden sie fast gestohlen! Und das kam so:

Danach wurden die Sicherheitsmaßnahmen verstärkt, und seitdem hat niemand mehr versucht, die Kronjuwelen zu stehlen.

Jetzt geht es endlich zu Williams 6 **White Tower.** Der Eingang befindet sich auf der dem Juwelenhaus abgewandten Seite – und weit über dem Boden: Falls es Angreifern gelungen wäre, ins Burggelände einzudringen (und du hast gesehen, wie schwierig das war), hätte man die Außentreppe einfach weggerissen!

Wenn du hinaufgehst, kommst du an einem Treppenaufgang in der Mauer vorbei. Hier entdeckten Arbeiter im Jahr 1674 **zwei Skelette!** Man weiß nicht, ob das die Überreste der beiden Prinzen sind – sie stammen jedenfalls von zwei Kindern, die zum Zeitpunkt ihres Todes circa neun und zwölf Jahre alt waren.

Der White Tower war eine **mächtige Festung** – achte beim Hineingehen darauf, wie dick die Mauer ist.

Heute sind in Williams Burg vor allem Stücke aus der ehemaligen Waffenkammer ausgestellt – zum Beispiel die kunstvoll verzierte **Reiter-Rüstung von Henry VIII.** in der ersten Vitrine. Sie wiegt 30 Kilogramm (das war ganz normal für eine Rüstung) und wurde angefertigt, als der König noch jung und schlank war.

Die beiden Rüstungen daneben wurden 25 Jahre später hergestellt – da war Henry nicht mehr ganz so schlank …

Viel kleiner ist die **Rüstung** rechts, die einem **dreizehnjährigen Prinzen** gehörte.

Und es geht noch kleiner! Wenn du weitergehst, kommst du zu einer **Rüstung,** die **für einen fünfjährigen Prinzen** angefertigt wurde. (Früher dachte man, dass sie einem Zwerg gehörte.)

Geh die Treppe hinauf. Der White Tower war für die damalige Zeit **sehr luxuriös ausgestattet** – die Räume konnten sogar beheizt werden! Im zweiten Raum ist noch ein **Kamin** erhalten.

Und das war noch nicht alles an Komfort: Es gab auch **Klos** – übrigens **die ältesten in ganz London!** REKORD

? **Entdeckst du sie?** ?

Wenn du weitergehst, kommst du in die **Kapelle.**

Übrigens

Früher spielte die **Religion** eine wesentlich **wichtigere Rolle** als heute: Viele Dinge (zum Beispiel Krankheiten oder Naturkatastrophen) konnte man sich damals noch nicht erklären. Die Menschen dachten, dass böse Mächte daran schuld wären und erhofften sich deshalb Hilfe von Gott.

Im nächsten Raum siehst du die REKORD **schwerste Rüstung der Welt!** Sie wiegt 59 Kilo (also doppelt so viel wie Henrys Reiter-Rüstung).

Weiter geht's ins oberste Stockwerk. Im zweiten Raum gibt's **Geschichte zum Ausprobieren:** Wie schoss man mit einem Bogen? Und in welcher Reihenfolge legte man seine Rüstung an?

Der Weg führt durch das **Kellergeschoss,** in dem früher das **Waffenlager** untergebracht war, wieder nach draußen.

Suche, wenn du den White Tower verlassen hast, die drei bogenförmigen Öffnungen in der Mauer im 2. Stock. ???
Wozu dienten sie?

Im White Tower war nichts mehr von der mittelalterlichen Einrichtung vorhanden. Damit du aber einen Eindruck davon bekommst, wie die Räume im Mittelalter ausgesehen haben, machen wir uns auf den Weg zum 7 **Mittelalterlichen Palast** *(Medieval Palace)*. Der Zugang befindet sich rechts vom Verräter-Tor.

Hier wurden das **königliche Schlafzimmer** und der **Audienzraum** nachgestellt – beide haben einen Kamin und eine eigene Kapelle! Doch obwohl die Räume so luxuriös ausgestattet waren, verbrachten die Könige nur wenig Zeit im Tower – er diente vor allem als **Zufluchtsort bei Gefahr.**

Der Weg führt auf der **inneren Burgmauer** weiter. Von hier aus siehst du auch die Umgebung des Towers: die **Tower Bridge** (→ S. 25) und, auf der anderen Seite der Themse, das moderne, eiförmige **Rathaus** (→ S. 65) und REKORD **Londons höchsten Wolkenkratzer, The Shard** (→ S. 65).

In den Türmen befinden sich kleine Ausstellungen. Der **Salt Tower** wurde auch als **Gefängnis** genutzt – achte auf die Inschriften, die von den Gefangenen in die Wände geritzt wurden. (Es gab im Tower übrigens keine extra gebauten Verliese. Die Gefangenen wurden untergebracht, wo gerade Platz war.)

Im Erdgeschoss des **Martin Towers** wurden früher die **Kronjuwelen** aufbewahrt (auch zu der Zeit, als sie fast gestohlen wurden). Die fünf ausgestellten Kronen sind zwar echt, aber nicht besonders wertvoll, denn es handelt sich nur um die Fassungen, ohne Edelsteine darauf. (Nur die Krone der Königin Alexandra ist mit künstlichen Edelsteinen besetzt.)

Nach dem Martin Tower siehst du die Hochhäuser der City.

Was schenkt man einem König, der alles hat? – Ein exotisches Tier kommt immer gut an!
Weil sich das viele Gäste dachten, wurde die königliche **Tiersammlung** immer größer – zu groß!

Es kam wiederholt zu gefährlichen Zwischenfällen, und so entschloss sich der König im Jahr 1832, die Tiere wegzugeben. – Praktisch, dass kurz davor der **Zoo** gegründet worden war!

Der Zoo befindet sich im Regent's Park.
Infos unter www.zsl.org/zsl-london-zoo

Es folgen noch zwei Türme, und dann ist der Mauer-Rundgang zu Ende.

Die einzigen Tiere, die heute noch im Tower gehalten werden, sind 8 **Raben.**

Warum?

A: Die Raben werden zur Mäusebekämpfung eingesetzt.

B: Eine alte Prophezeiung besagt, dass das Königreich untergehen wird, wenn die Raben den Tower verlassen.

C: Die Königin war traurig, dass die Tiersammlung weggegeben wurde. Deshalb zähmte sie die Raben, die ihre Nester im Tower hatten. Und das blieb bis heute so.

Die Raben werden von den Yeoman Warders gehegt und gepflegt. Und damit sie nicht davonfliegen können, stutzt man ihre Flügelfedern (das tut nicht weh, hindert sie aber am Fliegen).

Ende

Tower Bridge

Die Tower Bridge ist die **bekannteste Brücke in London.** Wenn große Schiffe durchfahren wollen, werden die beiden **mittleren Brückenteile hochgeklappt.**

Warum ist das notwendig? Die anderen Brücken lassen sich doch auch nicht hochklappen?

Im 19. Jahrhundert nahm der Straßenverkehr stark zu. Deshalb brauchte man eine zusätzliche Brücke über die Themse. Aber: Londons Hafen befand sich damals zwischen dem Tower und der stadteinwärts gelegenen London Bridge. Eine „normale" Brücke hätte großen Schiffen also den Weg zum Hafen versperrt. Die hochklappbare Brücke löste dieses Problem.

Später wurde der Hafen geschlossen. Deshalb öffnet sich die Brücke heute nur noch für große Ausflugsschiffe.

Wenn du Glück hast, kannst du sehen, wie die Tower Bridge hochgeklappt wird – die Zeiten erfährst du auf der Homepage unter *Bridge Lift Times*.

Übrigens

Am 30. Dezember 1952 öffnete sich die Brücke versehentlich, als gerade ein Autobus darüberfuhr. Der Bus musste wie in einem Actionfilm von einer zur anderen Brückenhälfte springen!

- Tower Bridge Road
- Tower Hill
- Brücke: immer zugänglich
  Ausstellung (Eingang auf der Nordwestseite): täglich 9.30–17.30 Uhr
  (an jedem 3. Sa im Monat von 9.30–10.00 Uhr für autistische Kinder geöffnet)
  Letzter Einlass 30 Minuten vor Schließung.
- € Brücke: Eintritt frei
  Ausstellung: Eintritt (online zum Teil billiger)
- www.towerbridge.org.uk

City of Westminster

London entstand aus zwei Siedlungen, die immer größer wurden und im Lauf der Zeit zusammenwuchsen.

Die ältere der beiden Siedlungen wurde von den Römern gegründet, und zwar dort, wo sich heute der Stadtbezirk *City of London* befindet.

1000 Jahre später ließ **König Edward der Bekenner** westlich davon einen **Palast** und ein **Kloster** bauen.

Der **Westminster Palace** blieb nicht der einzige Königspalast in der Gegend: 500 Jahre später übersiedelte König Henry VIII. in den **Whitehall Palace** – der lag gleich nebenan und war viel moderner!

Als der Whitehall Palace später abbrannte, zog die königliche Familie in den nahegelegenen **St. James's Palace.**

Und noch ein letztes Mal übersiedelte die Königsfamilie: in den **Buckingham Palace** (der ist praktischerweise auch in der Nähe).

Aber nicht nur die Königspaläste und Edwards Kloster befinden sich in Westminster – auch das britische **Parlament,** der **Premierminister** und viele **Ministerien** haben sich hier angesiedelt.

Auf den folgenden Seiten findest du alle Westminster-Highlights. Achte, wenn du deine Tour zusammenstellst, auf die Öffnungszeiten bzw. die Zeiten der Wachablösung (→ blaue und türkise Kästchen S. 27–47).

circa 1050
Edward der Bekenner gründet Westminster.

1530
Henry VIII. zieht in den Whitehall Palace.

1702
Der St. James's Palace wird königliche Residenz.

1837
Königin Victoria zieht in den Buckingham Palace.

Westminster Abbey

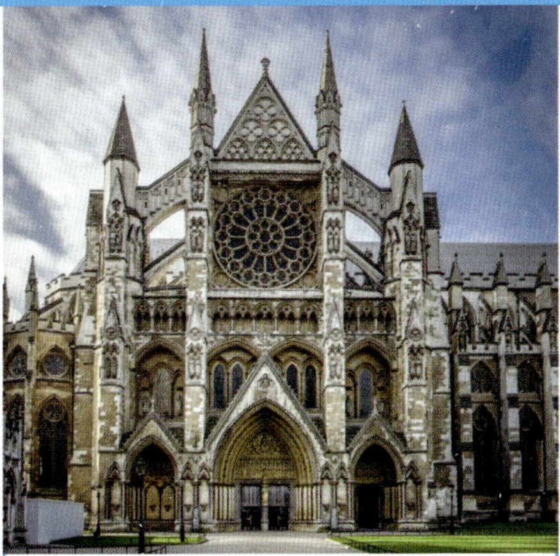

✉ Broad Sanctuary
Westminster, St. James's Park
Mo–Di 9.30–16.30 Uhr
Mi 9.30–19.00 Uhr
Do–Fr 9.30–16.30 Uhr
Sa 9.00–14.00 Uhr (Mai–Aug –16.00 Uhr)
Letzter Einlass eine Stunde vor Schließung.
€ Eintritt
! Wenn du die Eintrittskarten auf der Homepage bestellst, musst du dich nicht am Ticketschalter anstellen– vor allem im Sommer ist die Warteschlange oft sehr lang! Die Tickets sind online auch etwas billiger.
www.westminster-abbey.org

Über die Westminster Abbey

Die Westminster Abbey ist die **bekannteste Kirche in London.** (*Abbey* bedeutet *Abtei*, also ein Kloster mit einem Abt als Chef.) Die Westminster-Abtei stammt aus dem Mittelalter: Sie wurde im 11. Jahrhundert **von König Edward dem Bekenner gegründet.**

Edward wollte in seiner Kirche begraben werden, und das ging sich knapp aus: Acht Tage, nachdem die Kirche geweiht worden war, starb er!

200 Jahre später fand König **Henry III.,** dass die Abtei noch prächtiger werden sollte. Zuerst wollte er an die Kirche anbauen, aber dann beschloss er, gleich die ganze **Abtei neu** zu bauen – im Stil der **Gotik,** der damals modern war.

Dass die Kirche gotisch ist, erkennst du an den **hohen Fenstern** mit den **spitz zulaufenden Bögen** und den **spitzen Ziergiebeln** über den Türen und Fenstern.
Typisch für die Gotik sind auch die **Türmchen** mit den **spitzen Dächern** und das **Maßwerk** (das sind die aus dem Stein herausgearbeiteten geometrischen Muster).
Und auch das runde **Maßwerk-Fenster** über dem Eingang ist typisch gotisch – obwohl …

Die Bauarbeiten dauerten sehr lange: bis zum Beginn des 16. Jahrhunderts (zwischendurch wurde nämlich das Geld knapp). Und auch danach wurde noch das eine oder andere dazu- oder umgebaut.
Da war die Gotik schon längst unmodern. Weil man aber wollte, dass die ganze Kirche einheitlich aussieht, baute man trotzdem im Stil der Gotik weiter.

Und das ist gut gelungen – oder hättest du erkannt, dass der Eingang und das runde Fenster darüber nicht aus dem Mittelalter stammen? (Sie kamen erst im 18. Jahrhundert dazu.)

Westminster Abbey

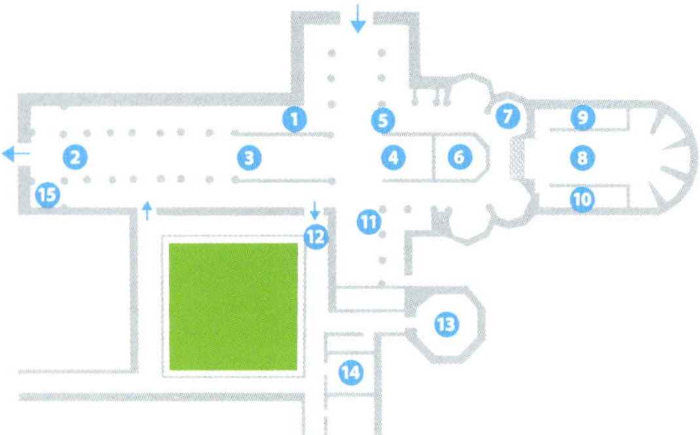

1. Seitenschiff
2. Hauptschiff
3. Chor
4. Hochaltar
5. Statue von Robert Peel
6. Grab von Edward dem Bekenner
7. St.-Pauls-Kapelle
8. Marienkapelle
9. Grab von Elizabeth I.
10. Grab von Mary Stuart
11. Dichter-Ecke
12. Innenhof
13. Kapitelhaus
14. Pyxis-Kammer
15. Krönungsstuhl

Es geht los!

Der Weg durch die riesige Westminster Abbey ist vorgegeben, und die Kirche wirkt dadurch vielleicht etwas unübersichtlich, aber eigentlich ist es ganz einfach: Die Abtei hat (wie viele andere Kirchen auch) die **Form eines Kreuzes.**

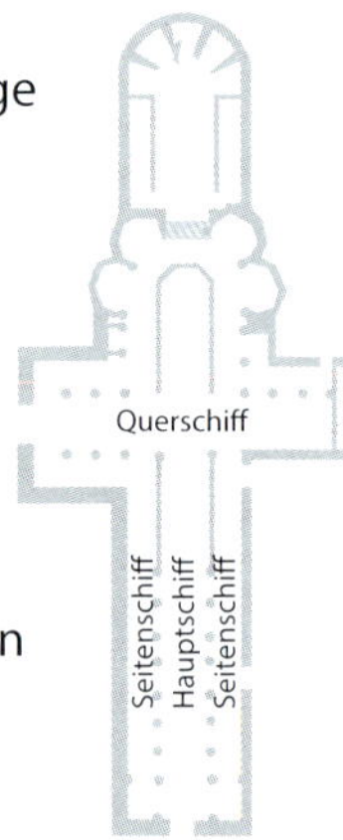

Ursprünglich wurden hier nur Könige und ihre Familien, wichtige Adelige und Äbte der Westminster Abbey begraben. Dann fanden hier auch andere Menschen ihre letzte Ruhe, und so sind in der Abtei heute **mehr als 3.000 Personen bestattet.**

Im Lauf der Zeit entwickelte sich der Brauch, auch Denkmäler und Gedenktafeln für berühmte Briten zu errichten, die hier gar nicht begraben sind. Deshalb gibt es in der Westminster Abbey heute **mehr als 600 Denkmäler.**

Die Tour beginnt im 1 **Seitenschiff,** in dem zuerst an einige Musiker erinnert wird. Gleich am Anfang ist der berühmteste britische Komponist, **Henry Purcell,** begraben.

Nach dem blau-goldenen Gittertor folgen die Gräber von Wissenschaftlern. Zuerst siehst du die Grabplatte von **Charles Darwin,** einem wichtigen Naturforscher. Er vertrat die Evolutionstheorie (*Evolution* bedeutet *Entwicklung*): Sie besagt, dass sich alle Lebewesen immer weiterentwickeln. Das bedeutet aber, dass sich auch der Mensch langsam entwickelt hat und nicht von Gott an einem Tag geschaffen wurde – darüber war die Kirche natürlich nicht sehr erfreut.

Westminster Abbey

Jetzt wird's schwierig: Findest du die kleine, dunkelgraue Bodenplatte mit der schwer erkennbaren Inschrift O RARE BEN JOHNSON?

Unter ihr ist der Schriftsteller **Ben Jonson** begraben, ein Zeitgenosse von William Shakespeare. Im Gegensatz zu Shakespeare starb Jonson aber verarmt. Um Platz (und so Geld) zu sparen, ließ er sich nicht liegend, sondern stehend begraben – und angeblich mit dem Kopf nach unten!

Der Weg führt dich ins 2 **Hauptschiff.** Rechts befindet sich der Haupteingang, und davor siehst du eine Bodenplatte, die von roten Mohnblumen umrahmt ist: das **Grab des unbekannten Soldaten.** Hier ist ein britischer Soldat bestattet, der während des Ersten Weltkriegs getötet wurde. Man kennt seinen Namen nicht – das Grab soll an alle Soldaten erinnern, die während des Krieges getötet wurden.

Weiter geht's zum 3 **Chor,** in dem sich die Mönche früher zum Stundengebet versammelten.

Hinter dem Chor führen Stufen zum 4 **Hochaltar.** Hier werden die britischen Könige gekrönt, denn die Westminster Abbey ist Großbritanniens **Krönungskirche.**

Bei einer Krönung schreitet der zukünftige König durch den Haupteingang und das Hauptschiff hierher. Er schwört, das Land gerecht zu regieren und die Kirche zu schützen (denn der König ist auch das Oberhaupt der anglikanischen Kirche). Dann besteigt er den Krönungsstuhl, der vor dem Altar aufgestellt wird (du wirst ihn später sehen), und wird vom Erzbischof von Canterbury gekrönt.

Und jetzt zu etwas ganz anderem: Weißt du eigentlich, dass die Londoner Polizisten auch **Bobbies** genannt werden? Wirf, bevor du durch das Gittertor links vom Hochaltar gehst, einen Blick auf die 5 **Statue** neben dem Tor. Sie zeigt **Robert Peel,** einen britischen Premierminister, der 1829 Londons erste offizielle Polizeitruppe gründete. Die Abkürzung für Robert ist Bob, und so bekamen die Polizisten den Spitznamen Bobbies.

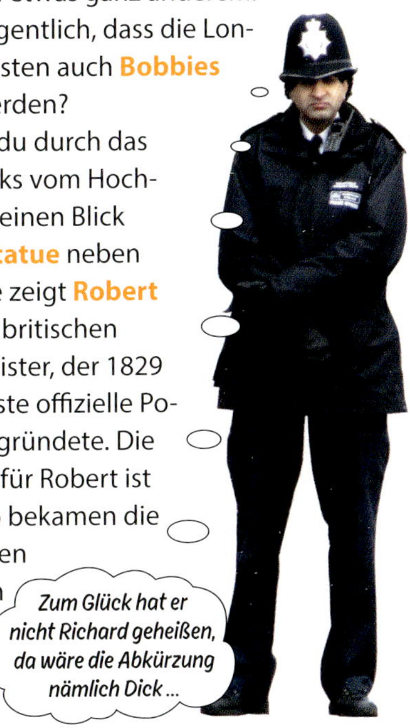

Wenn du weitergehst, siehst du rechts eine hölzerne Treppe. Sie führt zum wichtigsten Grabmal der Kirche: dem 6 **Sarg** von König **Edward dem Bekenner.** Leider ist dieser Bereich abgesperrt, aber du kannst den auf einem hohen Podest stehenden grünen Sarg mit den goldenen Verzierungen auch von hier sehen.

Bekenner nannte man früher sehr fromme Christen, und König Edward war wirklich sehr religiös. Nach seinem Tod kamen viele Menschen an sein Grab, um hier zu beten. Es wird berichtet, dass Wunder geschahen und Menschen von ihren Krankheiten geheilt wurden. Deshalb wurde Edward vom Papst **heiliggesprochen.**

König **Henry III.** verehrte Edward so sehr, dass er die von Edward errichtete **Westminster-Abtei neu** und noch prächtiger **bauen ließ.** Und weil er Edward im Tod nahe sein wollte, ließ er sich neben dessen Sarg bestatten (du siehst Henrys Sarg links von der Treppe).

Rund um Edwards Sarg und die St.-Edwards-Kapelle befinden sich weitere Kapellen mit Grabdenkmälern. Geh in die 7 **St.-Pauls-Kapelle** (nach Henrys Sarg).

Am Beispiel des **Ehepaars Puckering** (links in der Kapelle) siehst du, wie die Gräber reicher Leute früher ausgesehen haben: Die Totenfiguren der beiden liegen auf dem Sarg. Sie haben die Hände zum Gebet gefaltet, ihre Köpfe liegen auf Kissen. Zu ihren Füßen befinden sich ihre Wappensymbole, und vor dem Sarg beten ihre acht Kinder für sie.

Neben der Kapelle führt eine Treppe zur 8 **Marienkapelle** *(Lady Chapel)*, die vor allem wegen ihrer **kunstvollen Decke** berühmt ist: Das Fächergewölbe wurde am Boden aus einzelnen Steinstücken gemeißelt, die anschließend an der Decke zusammengesetzt wurden (quasi ein 3D-Puzzle für Schwindelfreie).

Hier versammeln sich die **Ritter des Bath-Ordens.** An den Lehnen der hölzernen Klappsitze siehst du ihre Wappen.

Die Kapelle wurde **von Henry VII. gebaut,** und Henry ließ sich hier auch gemeinsam mit seiner Frau Elizabeth begraben. Du findest das **Grab** mit den liegenden Totenfiguren der beiden hinter dem Altar.

Westminster Abbey

Übrigens

Siehst du die vielen Rosen am Grab? Und hast du vielleicht schon von den **Rosenkriegen** gehört? Rosen waren die Wappenzeichen der beiden Familien **Lancaster** (rote Rose) und **York** (weiße Rose), die im 15. Jahrhundert um den Königsthron stritten. Und das 30 Jahre lang!
Am Ende gewann Henry Tudor aus der Familie Lancaster, der als Henry VII. englischer König wurde und diese Kapelle bauen ließ. Er heiratete Elizabeth von York und verband so die beiden Familien. Und die beiden Rosen wurden zur rot-weißen **Tudor-Rose** verbunden.

Geh am Sarg vorbei zum Ende der Kapelle und schau dir das Kirchenfenster an.

Fällt dir etwas Ungewöhnliches auf?

Und siehst du das Loch links unter dem Fenster? Hier schlug während des Zweiten Weltkriegs eine Bombe ein (dabei ging auch das alte Fenster kaputt). Nach dem Krieg wurde das Loch als Erinnerung gelassen.

Jetzt geht es zurück in den Hauptraum der Kapelle – und noch einmal zu Henry VII.: Nach seinem Tod wurde sein Sohn **Henry VIII.** neuer König.

England war damals ein katholisches Land. Henry wollte sich von seiner Frau scheiden lassen und noch einmal heiraten. Der Papst erlaubte das aber nicht. Daraufhin **trat** Henry (und mit ihm ganz England!) **aus der katholischen Kirche aus.** Er gründete die **Kirche von England** (die auch **anglikanische Kirche** genannt wird): eine Mischung aus katholischer und protestantischer Kirche. Henry machte sich auch gleich zu ihrem Oberhaupt. Und dann ließ er sich scheiden und heiratete – noch fünf Mal!

Aus seinen sechs Ehen hatte Henry drei Kinder. Nach seinem Tod folgte ihm sein Sohn **Edward** auf den Thron, der aber schon sechs Jahre später starb. Nun wurde Edwards Halbschwester **Mary** Königin. Weil sie bei ihrer katholischen Mutter aufgewachsen war, machte sie England wieder katholisch.

Kannst du dir denken, was passierte, als Mary starb und ihre anglikanische Halbschwester **Elizabeth** Königin wurde? Genau: England wurde wieder anglikanisch – und zwar endgültig.

Verlass die Kapelle und geh in die rechte Seitenkapelle. Hier siehst du 9 **Elizabeths Grab.** Die Inschrift verrät, dass darin auch ihre Halbschwester **Mary** begraben ist – obwohl die beiden sich überhaupt nicht mochten!

Warum haben sie dann ein gemeinsames Grab?

Das bestimmte Elizabeths Nachfolger, König James I. Vielleicht wollte er Elizabeth damit auch ärgern, denn immerhin hatte sie das **Todesurteil** seiner Mutter **Mary Stuart** unterschrieben. (Mary Stuart war Elizabeths Cousine, und Elizabeth hatte befürchtet, dass Mary die Herrschaft übernehmen würde.)

Auf dem Sarg siehst du Elizabeths Totenfigur. So sah die Königin wirklich aus, denn das Gesicht wurde nach ihrer Totenmaske gestaltet.

Wenn du schon im Tower warst, kennst du die Geschichte von den zwei verschwundenen Prinzen und den beiden Skeletten, die später entdeckt wurden (→ S. 18 und 22). Sie sind in dem weißen **Marmorsarg** bestattet, der sich in der schwarzen Nische am Ende der Kapelle befindet.

Schau dir auf dem Weg aus der Kapelle noch einmal Elizabeths und Marys Grab an. Als nächstes geht es nämlich in die gegenüberliegende Seitenkapelle, und dort befindet sich in der Mitte das 10 **Grabmal** für James' Mutter **Mary Stuart.** Was meinst du – welches der beiden Gräber ist prunkvoller?

Wenn du die Kapelle verlässt und zurück in die Hauptkirche gehst, stehst du wieder vor der St.-Edwards-Kapelle und siehst von hier aus noch einmal zu Edwards Sarg.

An weiteren Kapellen vorbei geht's zur 11 **Dichter-Ecke** mit Statuen und Gedenktafeln für viele britische Schriftsteller, zum Beispiel **C. S. Lewis** *(Die Chroniken von Narnia)*, **Lewis Carrol** *(Alice im Wunderland)*, **Rudyard Kipling** *(Das Dschungelbuch)* und **Charles Dickens** *(Oliver Twist)*.

Und natürlich gibt es auch ein Denkmal für Großbritanniens berühmtesten Schriftsteller:

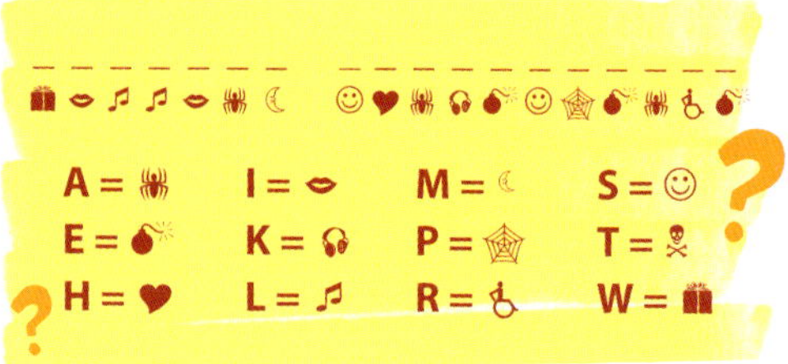

(Er ist aber nicht hier begraben, sondern in seiner Geburtsstadt Stratford-upon-Avon.)

Westminster Abbey

Ihm gegenüber siehst du das Denkmal für den deutschen Komponisten **Georg Friedrich Händel,** der den Großteil seines Lebens in England verbrachte und hier George Frederick Handel genannt wurde.

Nun verlässt du die Kirche und gehst in den ⑫ **Innenhof des Klosters.** Im Kloster lebten früher Mönche – bis Henry VIII. aus der katholischen Kirche austrat. Er löste alle Klöster auf und beschlagnahmte ihren Besitz.

Die Westminster Abbey hatte Glück: Die Mönche wurden zwar vertrieben, aber weil die Abtei die Krönungskirche war und sich hier die Gräber vieler Könige befanden, wurde sie nicht geplündert, sondern als anglikanische Kirche neu gegründet.

Im ⑬ **Kapitelhaus** versammelten sich die Mönche jeden Morgen, und die ⑭ **Pyxis-Kammer** daneben diente früher als Schatzkammer – deshalb ist der Raum durch zwei Türen mit sechs Schlössern gesichert.

Noch einmal geht es zurück in die Kirche. Links vor dem Ausgang siehst du den ⑮ **Krönungsstuhl.** Er war ursprünglich reich verziert, aber davon ist nicht mehr viel übrig. Früher konnte man ihn aus der Nähe ansehen und sogar „Probe sitzen" – das führte dazu, dass sich einige Besucher darauf verewigten. Einer schrieb sogar: *P. Abbot schlief hier am 5./6. Juli 1800*

Dreh dich noch einmal um, bevor du die Westminster Abbey verlässt: ziemlich beeindruckend! Auf die Menschen im Mittelalter, die in kleinen, niedrigen Holzhäusern wohnten, muss sie noch viel eindrucksvoller gewirkt haben.

Sieh dir die Kirche auch von außen an. Die beiden Türme stammen nicht aus dem Mittelalter, sondern sie wurden erst vor 300 Jahren dazugebaut. – Merkt man nicht, oder?

Und die Statuen unter dem Fenster kamen überhaupt erst im Jahr 1998 dazu. In der Mitte siehst du den amerikanischen Pfarrer und Bürgerrechtler **Martin Luther King,** der gegen Rassismus kämpfte.

Ende

Parlament

St. Margaret Street, Parliament Square
Westminster

Wenn du das Parlament auch von innen sehen möchtest, gibt es zwei Möglichkeiten: Wenn das Parlament tagt (die Ferien findest du auf der Homepage), kannst du – kostenlos – eine **Sitzung** besuchen.

House of Commons:		House of Lords:	
Mo	14.30 – ca. 22.30 Uhr	Mo–Di	14.30 – ca. 22.00 Uhr
Di–Mi	11.30 – ca. 19.30 Uhr	Mi	15.00 – ca. 22.00 Uhr
Do	9.30 – ca. 17.30 Uhr	Do	11.00 – ca. 19.30 Uhr

Zu Beginn der Sitzungen ist am meisten Besucherandrang, vor allem mittwochs, wenn der Premierminister Fragen der Abgeordneten beantwortet.

€ Eintritt frei

www.parliament.uk/visiting/visiting-and-tours/watch-committees-and-debates/debates

An Samstagen und während der Parlamentsferien (→ Homepage) kannst du das Parlament mit einer **Audioguide-Führung** besuchen.

Ticketverkauf (falls du nicht auf der Homepage bestellst): Portcullis House, Victoria Embankment

Das ganze Jahr über:	Sa	9.20–17.30 Uhr, letzter Einlass 16.30 Uhr
Während der Parlamentsferien: meist	Mo–Sa	9.20–17.30 Uhr, letzter Einlass 16.30 Uhr

€ Eintritt

www.parliament.uk/visiting/visiting-and-tours/tours-of-parliament/audio-tours

Übrigens

Das britische Parlament macht die Gesetze und überprüft die Arbeit der Regierung. Es besteht aus dem Oberhaus und dem Unterhaus.
Das **Unterhaus** (House of Commons) trifft alle wichtigen Entscheidungen. Seine Mitglieder werden von den Briten alle fünf Jahre neu gewählt.
Das **Oberhaus** (House of Lords) war früher mächtiger als das House of Commons (deshalb die Bezeichnungen *Ober*haus und *Unter*haus). Heute hat es aber nur noch wenig Einfluss. Seine Mitglieder sind zum Großteil Adelige. Sie werden nicht gewählt, sondern von der Königin ernannt.

Parlament

Dort, wo sich heute das Parlament befindet, ließ König Edward der Bekenner im 11. Jahrhundert den **Westminster-Palast** bauen.
Und hier begann die Geschichte des Parlaments: Die Könige hatten **Berater,** mit denen sie die Politik besprachen. Das taten sie bei sich zu Hause, im Palast. Im Lauf der Zeit wurde die Rolle der Berater immer wichtiger, und sie bekamen immer mehr Rechte. So entwickelte sich ein **Parlament** (das Wort kommt aus dem Französischen, von *parler* – das bedeutet *reden*).

Als Henry VIII. im Jahr 1530 in den Whitehall-Palast übersiedelte, blieb das Parlament im Westminster-Palast.

1834 brannte der Westminster-Palast ab. Er wurde neu gebaut, und weil er dem alten, gotischen Palast ähnlich sehen sollte, wählte man den Stil der **Neugotik** (→ S. 13). (Zum Vergleich: Die Westminster Abbey auf der anderen Straßenseite ist original-gotisch.)

Was fällt dir zuerst ein, wenn du an das britische Parlament denkst? **Big Ben?**

Was genau ist Big Ben eigentlich?
A: der hohe Turm (Er ist 96 Meter hoch.)
B: die Turmuhr (Das Ziffernblatt hat einen Durchmesser von sieben Metern. Der Minutenzeiger ist 4,3 Meter lang, der Stundenzeiger 2,7 Meter.)
C: die Glocke im Turm (Sie wiegt 13 ½ Tonnen.)

Und wie kam es zu dem Namen Big Ben?

Angeblich so:

Whitehall

Über Whitehall

Die Straße, die vom Parlament zum Trafalgar Square führt, heißt zuerst Parliament Street und wird dann zu **Whitehall.**

Ihren Namen hat sie vom **Whitehall-Palast,** in den Henry VIII. zog, weil er den Westminster-Palast zu wenig luxuriös fand.

Westminster

Henry und seine Nachfolger ließen den Whitehall Palace erweitern, bis er **von Big Ben bis zum Trafalgar Square** reichte!

Doch im Jahr **1698** ist der ganze Palast **abgebrannt.**
Das heißt: *fast* der ganze Palast …

Nach dem Brand zog König William III. in den St. James's Palace. Aber Whitehall blieb das politische Zentrum: In den Gebäuden, die nach dem Brand errichtet wurden, siedelten sich viele **Ministerien** an. Auch der britische Premierminister hat hier seinen Amtssitz.

Es geht los!

Downing Street Nr. 10 ist eine der bekanntesten Adressen der Welt: In dem schwarzen Haus rechts hinter dem Gittertor wohnt und arbeitet der britische Premierminister. Das Haus ist viel größer, als es den Anschein hat: Es erstreckt sich weit nach hinten und hat mehr als 100 Räume!

Das **Cenotaph** (das ist Griechisch und bedeutet *Leeres Grab*) erinnert an die Gefallenen der beiden Weltkriege. Es ist das wichtigste Kriegerdenkmal in Großbritannien.

Gegenüber dem Cenotaph wurde das **Denkmal für die Frauen des Zweiten Weltkriegs** errichtet. Die Kleidungsstücke und Uniformen sollen die vielen verschiedenen Arbeiten symbolisieren, die von den Britinnen im Zweiten Weltkrieg übernommen wurden.

Übrigens

Früher konnte man bis zum Haus des Premierministers spazieren. Doch im Jahr 1988 wurde der Zaun errichtet, weil man Angst vor einem Anschlag der IRA (einer terroristischen Organisation, die die Trennung Nordirlands von Großbritannien durchsetzen wollte) auf die damalige Premierministerin hatte.

Whitehall

Hinter dem Gebäude **Horse Guards** (das bedeutet *Pferdewache*) führt die Straße *The Mall* zum Buckingham-Palast. Weil Horse Guards der offizielle Palasteingang ist, halten hier zwei Soldaten zu Pferd Wache (zwischen 10 und 16 Uhr). Sie werden von zwei Soldaten im Hof unterstützt – ein tolles Fotomotiv!

Auf dem Platz hinter Horse Guards findet jeden Tag die **Wachablösung der berittenen Garde** statt (→ S. 42–43). Und täglich um 16 Uhr gibt es im Hof eine kurze **Nachmittags-Inspektion.**

Übrigens

Die Nachmittags-Inspektion wurde von Königin Victoria eingeführt. Den Grund dafür kennen aber nur wenige: Als Victoria eines Nachmittags hier vorbeikam, stellte sie fest, dass alle Wachen betrunken waren! Daraufhin ordnete sie an, dass von nun an jeden Tag um 16 Uhr eine Inspektion stattfinden sollte.

Das **Banketthaus** *(Banqueting House)*, in dem sich der festliche Speisesaal des Whitehall-Palastes befand, ist der einzige Teil des Palastes, der den Brand von 1698 überstanden hat. Es sieht aus wie viele andere Gebäude – aber: Zu seiner Bauzeit (es wurde 1622 fertig) war es einzigartig! Es war nämlich das **allererste** REKORD **Gebäude in London,** das **im klassizistischen Stil** (→ S.12) gebaut wurde. Der Architekt, **Inigo Jones,** war also ein echter Trendsetter. (Das Gebäude gegenüber, Horse Guards, ist zum Beispiel auch klassizistisch – aber 130 Jahre jünger.)

Hinter dem Pub *The Clarence* befand sich das erste Hauptquartier der Londoner Polizei: **Scotland Yard.** Dorthin gelangte man durch einen Hof, den *Scotland Yard* (also den *Schottland-Hof*), und bald übertrug sich der Name des Hofes auf die Londoner Polizei.

Heute befindet sich das **Hauptquartier** am Victoria Embankment, gegenüber dem London Eye (→ S.62).

Ende

Trafalgar Square

Trafalgar Square
Charing Cross

Der Trafalgar Square (*square* bedeutet *Platz*) ist nach der **Seeschlacht von Trafalgar im Jahr 1805** benannt. In dieser Schlacht kämpfte die britsche Flotte vor der spanischen Küste gegen die Schiffe des französischen Kaisers Napoleon und der mit ihm verbündeten Spanier.

Die **Briten besiegten** die **französische Flotte,** und **Großbritannien** wurde so zur **wichtigsten Seemacht der Welt.**

Der Kommandant der Briten war Lord **Horatio Nelson.** Er konnte sich aber nicht mehr über den Sieg freuen, denn er wurde von einer feindlichen Kugel getroffen und starb.

Nelson sollte ein Staatsbegräbnis in London bekommen – das war das Mindeste, was man für ihn tun konnte!
Es gab aber ein Problem: Die Schiffsreise von Trafalgar nach London dauerte damals 2 ½ Monate – Nelsons Leiche würde in dieser langen Zeit verwesen.

Was hat man also getan?

A: Man legte Nelsons Leiche in ein Fass mit Branntwein. Durch den Alkohol wurde die Leiche konserviert.

B: Nelsons Sarg wurde luftdicht verschlossen, sodass der Geruch nicht nach außen dringen konnte.

C: Nelson bekam ein Seebegräbnis. (Das heißt, man warf ihn ins Meer.) In London fand dann ein symbolisches Begräbnis statt – ohne Nelsons Leiche.

Zur Erinnerung wurde die **Nelson-Säule** aufgestellt. Am Sockel siehst du Nelsons berühmteste **Seeschlachten.** Die Darstellungen sind aus Bronze und wurden aus den erbeuteten französischen Kanonen hergestellt.

Für die vier **Bronzelöwen** diente ein toter Löwe aus dem Londoner Zoo als Modell. Aber der Bildhauer brauchte für die Skizzen so lange, dass der Löwe verweste, bevor sie fertig waren.
So musste er die Bronzelöwen aus dem Gedächtnis fertigstellen – und deshalb sehen die Löwentatzen eher Katzenpfoten ähnlich.

Trafalgar Square

Die **Denkmäler** an den Ecken des Platzes zeigen einen König und zwei Generäle. Nur das vierte Denkmal passt nicht dazu. Man konnte sich nämlich lange Zeit nicht einigen, welches Denkmal auf dem Sockel aufgestellt werden sollte. Erst im Jahr 1998 beschloss man, dort abwechselnd moderne Kunstwerke zu zeigen.

Auf dem Platz befindet sich die **kleinste Polizeistation der Welt.**

REKORD

Entdeckst du sie?

Sie war gerade groß genug für einen Polizisten. Er hatte die Aufgabe, Versammlungen auf dem Platz zu beobachten und, wenn nötig, telefonisch Verstärkung zu rufen. (Heute ist die Polizeistation nicht mehr in Betrieb.)

Übrigens

Der Platz wird aber nach wie vor überwacht – so wie ganz London. Achte mal auf die vielen Kameras auf den Plätzen, Straßen und Bahnhöfen.
Großbritannien ist mit fast zwei Millionen privat und staatlich betriebenen Kameras **weltweit** das Land mit der **dichtesten Kameraüberwachung!**

Die breite Treppe führt zu einer der größten Gemäldesammlungen der Welt, der **National Gallery.**

- ✉ Trafalgar Square
- Charing Cross
- Mo–Do 10.00–18.00 Uhr
  Fr 10.00–21.00 Uhr
  Sa–So 10.00–18.00 Uhr
- € Eintritt frei
- www.nationalgallery.org.uk

Vom oberen Ende der Treppe siehst du bis zu Big Ben.

Früher war es ein beliebtes Hobby, die Grabplatten berühmter Verstorbener abzupausen. Und das kannst du auch heute noch tun: In der Kirche **St. Martin-in-the-Fields** gibt es ein **Brass Rubbing Centre,** in dem du die Wahl zwischen hundert verschiedenen Motiven hast – wie wär's mit Henry VIII., Elizabeth I. oder William Shakespeare?

- ✉ Trafalgar Square
- Charing Cross
- Mo–Mi 10.00–18.00 Uhr
  Do–Sa 10.00–19.45 Uhr
  So 11.30–17.00 Uhr
- € Eintritt frei, die Motive kosten unterschiedlich viel.
- www.stmartin-in-the-fields.org

In der Nähe

Von hier aus führt die **West-End-Tour** (→ S. 45) weiter.

Buckingham Palace

Buckingham Palace
St. James's Park, Green Park, Victoria

Im Buckingham-Palast wohnen die britische Königin **Elizabeth II.** und einige Mitglieder ihrer Familie. Elizabeths Sohn **Charles** wohnt aber nicht hier, sondern im nahegelegenen Clarence House (→ S. 43).
Und Charles' Söhne **William** und **Harry** haben ihren Wohnsitz im Kensington Palace (→ S. 41) bzw. in Windsor.

Der Buckingham Palace ist seit 1837 der Wohnsitz der britischen Monarchen – damals zog Königin **Victoria** hier ein.

Übrigens

Elizabeth II. ist Victorias Ururenkelin – aber auch Elizabeths Mann, Prinz Philip, ist ein Ururenkel von Victoria! Elizabeths Urgroßvater und Philips Urgroßmutter waren nämlich beide Kinder von Victoria.

Victoria zu Ehren wurde das große Denkmal vor dem Palast aufgestellt. (Der Name Victoria kommt aus dem Lateinischen und bedeutet *Sieg,* und die vergoldete Figur oben auf dem Denkmal stellt Victoria, die römische Göttin des Sieges, dar.)

Wenn Staatsgäste zu Besuch sind, finden im Buckingham Palace **Empfänge und Festessen** statt. Platz genug gibt es: Der Palast hat 775 Räume!

Normalerweise kann man den Buckingham-Palast nicht besichtigen. Aber im Sommer, wenn die Queen auf Urlaub ist, kannst du die **Prunkräume** des Palastes ansehen.

Buckingham Palace Road
Victoria
Ende Juli – Ende Sept
Die aktuellen Daten und Öffnungszeiten findest du auf der Homepage.
€ Eintritt
www.rct.uk/visit/the-state-rooms-buckingham-palace

Buckingham Palace

Übrigens

Aber auch wenn die Queen Urlaub macht, hast du nur zu den Staatsräumen Zutritt. In die Privaträume der Königin kommt niemand. Obwohl: Dem Londoner Michael Fagan ist das am 9. Juli 1982 gelungen! Er drang am frühen Morgen über eine Regenrinne in den Palast ein und spazierte ins königliche Schlafzimmer! Dort weckte er die Queen und redete zehn Minuten mit ihr, bevor endlich die Polizei kam.

Woran erkennst du, ob die Königin in London ist?

A: Wenn sie da ist, weht vom Fahnenmast auf dem Palast die königliche Flagge.

B: Die Königin ist in London, wenn die britische Flagge gehisst ist.

C: Wenn die Königin da ist, sind die königliche und die britische Flagge gehisst.

Außerdem stehen vier **Wachsoldaten** vor dem Palast, wenn die Königin in London ist – sonst sind es nur zwei.

Die Wachen tragen im Sommer rote und sonst graue Jacken. Das Auffälligste an ihrer Uniform ist die Kopfbedeckung: Die hohen **Bärenfellmützen** wurden eingeführt, um die Soldaten größer und furchterregender aussehen zu lassen. Sie sind 46 Zentimeter hoch, wiegen 680 Gramm und kosten circa 900 Euro.

In der Nähe

Von hier aus bietet sich ein Picknick im größten Londoner Park, dem **Hyde Park,** an oder in den angrenzenden **Kensington Gardens** – dort befindet sich auch der Kensington-Palast, in dem Prinz William und seine Familie wohnen.

Hyde Park: Hyde Park Corner, Marble Arch, Knightsbridge, Lancaster Gate
Kensington Gardens: Lancaster Gate, Queensway, Bayswater

Hyde Park: 5.00–24.00 Uhr
Kensington Gardens: 6.00 Uhr bis zur Dämmerung (→ Homepage)

€ Eintritt frei

www.royalparks.org.uk

Wachablösung

wwww.householddivision.org.uk

Buckingham Palace
Jan–Apr: Mo, Mi, Fr, So 11.00 Uhr
Mai–Juli: täglich 11.00 Uhr
Aug–Dez: Mo, Mi, Fr, So 11.00 Uhr
Bei starkem Regen findet die Wachablösung nicht statt.
€ Eintritt frei
Victoria, St. James's Park, Green Park

Wellington-Kaserne, Birdcage Walk
Jan–Apr: Mo, Mi, Fr, So 10.15 Uhr
Mai–Juli: täglich 10.15 Uhr
Aug–Dez: Mo, Mi, Fr, So 10.15 Uhr
Nicht bei starkem Regen.
€ Eintritt frei
St. James's Park

St. James's Palace, Marlborough Road
Jan–Apr: Mo, Mi, Fr, So 10.30 Uhr
Mai–Juli: täglich 10.30 Uhr
Aug–Dez: Mo, Mi, Fr, So 10.30 Uhr
€ Eintritt frei
Green Park

Horse Guards, Whitehall
Mo–Sa 11.00 Uhr
So 10.00 Uhr
€ Eintritt frei
Westminster, Charing Cross

Obwohl der offizielle Zeitplan genau vorgegeben ist, kann es leider immer wieder zu kleinen Verschiebungen kommen.

Die Wachablösung findet **vor dem Buckingham Palace** statt. Dabei werden die Soldaten der **Alten Garde,** die seit 24 Stunden den Buckingham Palace und den St. James's Palace bewachen, von ausgeruhten Soldaten der **Neuen Garde** abgelöst. Weil das (fast) alle Touristen sehen wollen, ist es dort immer sehr voll!

Hier zwei Vorschläge, bei denen du nicht nur die Köpfe der Touristen vor dir zu sehen bekommst.
Wie wäre es, wenn du mit der Inspektion der Neuen Garde beginnst?
Dort ist viel weniger los.

Die Soldaten der Neuen Garde versammeln sich um 10.15 Uhr vor der **Wellington-Kaserne.** Sie werden vom Hauptmann inspiziert, der auch mal eine Mütze geraderückt oder einen Fussel von der Uniform entfernt. Die Militärkapelle spielt, und um 10.40 Uhr marschiert die Neue Garde zum **Buckingham Palace.**

Wegen der vielen Zuschauer wirst du dort wahrscheinlich nur wenig sehen. Folgendes passiert: Vor dem Palast wartet schon die Alte Garde, und jetzt findet die **Wachablösung** statt.

Wachablösung

Zuerst übergibt der Hauptmann der Alten Garde dem Hauptmann der Neuen Garde den Palast-Schlüssel und damit die Verantwortung für den Palast. Dann werden die Wachen der Alten Garde gegen die der Neuen Garde ausgetauscht – dabei wird militärisch gebrüllt, marschiert und musiziert.

Kurz nach 11.00 Uhr verlässt ein Teil der Neuen Garde den Buckingham Palace und marschiert zum Clarence House auf der Rückseite des St. James's Palace, wo er den Rest der dort wartenden Alten Garde ablöst (der Palast darf ja nie unbewacht sein).

Um 11.20 Uhr kommen diese letzten Soldaten der Alten Garde beim Buckingham Palace an – die Alte Garde ist jetzt vollständig. Sie verlässt den Buckingham-Palast und marschiert zur Wellington-Kaserne – endlich **Dienstschluss!**

Die Neue Garde teilt sich in zwei Abteilungen auf: Eine bleibt im Buckingham Palace, die andere marschiert zum **St. James's Palace,** wo noch eine **kurze Zeremonie** stattfindet.

Wenn du der Neuen Garde nachmarschierst, kommst du am **Clarence House** vorbei, dem Wohnsitz von **Prinz Charles und seiner Frau Camilla.**

Vielleicht möchtest du aber lieber die Ablösung der Berittenen Garde sehen? Um 11 Uhr (sonntags schon um 10 Uhr) versammelt sich ein Teil der Alten Garde auf dem **Paradeplatz hinter Horse Guards,** und kurz darauf kommt die Neue Garde aus ihrer Kaserne im Hyde Park geritten. Ein Teil der Neuen Garde reitet in den Stall, wo die Dienstübergabe stattfindet.

Folge der Neuen Garde in den **Hof.** 10 bis 15 Minuten später werden die beiden Soldaten zu Pferd, die in den Häuschen beim Zaun Wache halten, abgelöst und dann die beiden Soldaten, die in den Torbögen im Hof stehen. Nun dauert es noch 10 bis 15 Minuten, bis die Dienstübergabe im Stall beendet ist und die letzten Wachen der Alten Garde zum **Paradeplatz** reiten. Die Alte Garde reitet in ihre Kaserne im Hyde Park zurück, und die Neue Garde tritt den Dienst an.

Wenn du der Alten Garde folgst und beim Buckingham Palace auch gerade eine Wachablösung stattfindet (→ blaues Kästchen S.42), kommt dir auf der Mall die Neue Garde entgegen. Du kannst ihr zum **St. James's Palace** folgen und dort noch bei der kurzen Zeremonie vor dem Dienstantritt im Palast zusehen.

Weitere **Wach-Inspektionen:**
- täglich um 16.00 Uhr im **Hof von Horse Guards** (→ S. 37)
- täglich um 14.45 Uhr im **Tower** (→ S. 18)

Die königliche Familie

Früher waren die englischen Könige sehr mächtig, aber im Lauf der Zeit mussten sie immer mehr Macht abgeben. Heute ist davon nicht mehr viel übrig – aber trotzdem haben Königin Elizabeth II. und ihre Familie viel zu tun: Sie **empfangen wichtige Staatsgäste, reisen in viele Länder** und **engagieren sich für wohltätige Zwecke.**

Die königliche Familie liefert auch immer Gesprächsstoff: Wenn Herzogin Kate ein zu kurzes Kleid trägt oder Herzogin Meghan einen Angestellten entlässt, weiß das am nächsten Tag ganz Großbritannien!

Und die Royals kurbeln auch den Londoner Tourismus an.

Wieviel hat die Stadt London an der Hochzeit von William und Kate verdient?
A: circa 1 Million Euro
B: circa 29 Millionen Euro
C: circa 129 Millionen Euro

Übrigens

Die Monarchie ist nicht billig. Großbritannien gibt für die Königin und ihre Familie, für die königlichen Angestellten, Paläste und Reisen **jedes Jahr circa 44 Millionen Euro** aus. Wenn man das aber auf alle Briten und Britinnen aufteilt, sind das pro Kopf gerade mal 70 Cent.

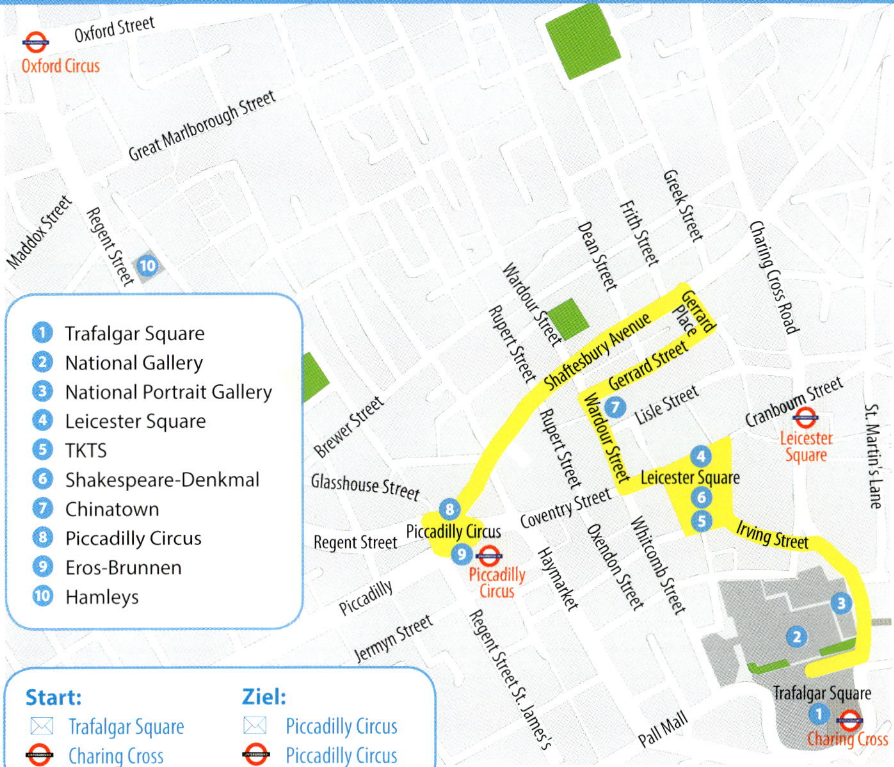

1. Trafalgar Square
2. National Gallery
3. National Portrait Gallery
4. Leicester Square
5. TKTS
6. Shakespeare-Denkmal
7. Chinatown
8. Piccadilly Circus
9. Eros-Brunnen
10. Hamleys

Start:
Trafalgar Square
Charing Cross

Ziel:
Piccadilly Circus
Piccadilly Circus

Es geht los!

Die kurze Tour beginnt am 1 **Trafalgar Square** (→ S. 38). Geh an der 2 **National Gallery** (→ S. 39) rechts entlang und um die 3 **National Portrait Gallery** herum, in der Bilder von vielen berühmten Briten ausgestellt sind.

St. Martin's Place
Charing Cross, Leicester Square
Mo–Mi 10.00–18.00 Uhr
Do–Fr 10.00–21.00 Uhr
Sa–So 10.00–18.00 Uhr
€ Eintritt frei
www.npg.org.uk

Links führt die Fußgängerzone Irving Street zum 4 **Leicester Square** (das spricht man *Läster Skwär* aus). Hier ist immer was los: Straßenkünstler und Musikanten unterhalten ihr Publikum, und der Platz ist auch ein beliebter Treffpunkt für Londons Jugend.

Das West End wird auch **Theatreland** genannt, denn es ist DIE Theatergegend in London – falls du Lust hast, ein Musical anzusehen: Am Anfang des Platzes befindet sich 5 **TKTS,** der offizielle Verkaufsstand für verbilligte Theater- und Musicaltickets.

> Leicester Square
> Leicester Square
> Mo–Sa 10.00–19.00 Uhr, So 11.00–16.30 Uhr
> www.officiallondontheatre.com/tkts

Welches ist das erfolgreichste Musical aller Zeiten?
A: Mamma Mia!
B: Der König der Löwen
C: Das Phantom der Oper

Im kleinen Park befindet sich ein 6 **Denkmal** für Großbritanniens berühmtesten Schriftsteller, **William Shakespeare.** Er schrieb 38 Theaterstücke (*Romeo und Julia* ist zum Beispiel von ihm) und ist der **meistverkaufte Autor aller Zeiten!** Man schätzt, dass sich seine Bücher zwischen zwei und vier Milliarden Mal verkauft haben! (Zum Vergleich: Die Harry-Potter-Romane wurden circa 500 Millionen Mal verkauft.)

WILLIAM SHAKESPEARE

Früher gab es im West End noch mehr Theater. Doch in den 1920er-Jahren wurde das Kino populär, und viele Theater wurden zu Kinos (die damals Lichtspieltheater hießen) umgebaut. Auch die drei großen Kinos am Leicester Square, **Odeon, Vue** und **Empire,** waren früher Theater (beim Empire siehst du das noch gut). Sie zählen zu den bekanntesten Kinos Großbritanniens, weil hier viele Filmpremieren stattfinden. Im Odeon, Großbritanniens größtem Kino, fanden zum Beispiel alle Weltpremieren der Harry-Potter-Filme statt.

Bieg am Ende des Platzes bei M&M's World in die Wardour Street ein. Die chinesischen Schriftzeichen auf dem Straßenschild geben einen Hinweis auf den Stadtteil, der hier beginnt. Nimm dann die zweite Straße rechts: Die Gerrard Street ist das Zentrum von Londons 7 **Chinatown.**

London war schon immer ein **Anziehungspunkt für Zuwanderer aus aller Welt.** Oft zogen die Neuankömmlinge in Stadtteile, in denen schon früher eingewanderte Landsleute wohnten – das Gebiet um die Gerrard Street ist fest in chinesischer Hand.

Geh am Ende der Straße den Gerrard Place nach links und bieg dann wieder links in die Shaftesbury Avenue ein.

Sehr viele Zuwanderer kamen zur Zeit der Industriellen Revolution (→ S. 10) nach London, um in den vielen neuen Fabriken zu arbeiten. Doch ihre Hoffnung auf ein besseres Leben wurde meist enttäuscht: Sie mussten täglich bis zu 16 Stunden arbeiten, die Arbeit war anstrengend und teilweise gefährlich. Der Lohn aber war so gering, dass auch Kinder arbeiten mussten, damit die Familien überleben konnten.

Der Politiker Lord **Anthony Shaftesbury,** nach dem die Shaftesbury Avenue benannt ist, versuchte, das Elend der Menschen zu verringern. Er unterstützte Schulen für arme Kinder und setzte sich im Parlament für bessere Arbeitsbedingungen ein – mit Erfolg!

Folge der Shaftesbury Avenue zum 8 **Piccadilly Circus.** Der Platz ist vor allem wegen seiner riesigen **Leuchtreklame** bekannt, die zu den teuersten Werbeflächen der Welt zählt!

Den Brunnen auf dem Platz kennen alle als 9 **Eros-Brunnen.** Aber eigentlich stellt die Brunnenfigur gar nicht Eros (den griechischen Gott der Liebe) dar, sondern den Engel der Nächstenliebe – denn auch der Brunnen wurde zur Erinnerung an Lord Shaftesbury errichtet.

Am Piccadilly Circus treffen mehrere große Straßen zusammen: Die **Coventry Street** führt zurück zum Leicester Square, die **Regent Street St. James's** zur Pall Mall und zur Mall (das ist die Straße, die beim Buckingham Palace endet), **Piccadilly** führt zum Hyde Park, und die **Regent Street** stößt auf die **Oxford Street** – DIE Shopping-Straße in London!

Ende

In der Nähe

In der Regent Street befindet sich (zehn Minuten vom Piccadilly Circus entfernt) Großbritanniens größtes Spielwarengeschäft, 10 **Hamleys.**

- 188–196 Regent Street
- Oxford Circus
- Mo–Fr 10.00–21.00 Uhr
  Sa 9.30–21.00 Uhr
  So 12.00–18.00 Uhr
- www.hamleys.com

City of London

Start:

Kreuzung Monument Street/Fish Street Hill

Monument

Ziel:

St. Paul's Churchyard

St. Paul's

→ blaue Kästchen auf den folgenden Seiten

Über die City

Die **City of London** ist Londons **ältester Stadtteil:** Hier gründeten die Römer vor 2000 Jahren die Siedlung **Londinium.**

Aber obwohl die City so alt ist, gibt es hier nur sehr wenige *richtig* alte Gebäude. Denn im Jahr 1666 brach das **Große Feuer** aus, das fast die ganze City zerstörte.

Nach dem Brand bauten die Londoner ihre Stadt wieder auf. Damals war der **klassizistische Stil** modern (→ S. 12).

Und weil nach dem Großen Feuer sehr viel gebaut wurde (die Menschen brauchten ja schnell wieder ein Dach über dem Kopf), gibt es in der City viele klassizistische Gebäude.
Aber es gibt hier auch viele Wolkenkratzer mit Unmengen an Büros, denn die City ist Londons **Finanzzentrum** – und nicht nur das: Sie ist neben New York und Tokio der größte Börsen- und Finanzplatz der Welt!
Ob sich das durch den Brexit ändern wird? Wir werden sehen …

Es geht los!

Zur Erinnerung an das Große Feuer errichteten die Londoner die hohe Säule ❶ **Monument.** Auf ihrer Spitze befindet sich eine vergoldete Urne mit einem Flammenball.

Du kannst das **Monument** auch besteigen – allerdings kommst du auf der Tour noch zu Gebäuden, von denen die Aussicht besser ist (→ S. 50, 53 und 55).

✉ Kreuzung Monument Street/Fish Street Hill
Monument
täglich 9.30–18.00 Uhr
Letzter Einlass 30 Minuten vor Schließung.
€ Eintritt
www.themonument.org.uk

Das **Große Feuer** brach am frühen Morgen des 2. September **1666** in einer Bäckerei in der Pudding Lane aus.
Die Londoner waren Brände gewöhnt, und so meinte der Bürgermeister, als er wegen des Brandes geweckt wurde:

Doch diesmal war es besonders schlimm, denn durch einen starken Wind wurde das Feuer zusätzlich angefacht.
Brände konnten sich damals auch viel schneller ausbreiten als heute, denn die meisten Häuser waren aus Holz gebaut.

Vier Tage lang wütete das Feuer und zerstörte den Großteil der City: 13.200 Häuser fielen den Flammen zum Opfer.

Damit sich Brände in Zukunft nicht mehr so leicht ausbreiten konnten, befahl König Charles II., dass von nun an alle Häuser aus Stein oder Ziegel gebaut werden mussten. (Du siehst ihn auf dem Sockel des Monuments rechts mit langen Locken, wie er das zerstörte London begutachtet und den Befehl zum Wiederaufbau gibt.)

Der Architekt **Christopher Wren** wurde mit dem Wiederaufbau der Stadt beauftragt. Und es gab viel zu tun! Wren entwarf 52 Kirchen, darunter die berühmte St.-Pauls-Kathedrale, die du am Ende der Tour sehen wirst. Und er machte seine Sache gut – bis heute gilt er als **der bedeutendste englische Architekt.**

Auch das Monument wurde von Christopher Wren entworfen. Es ist 61 Meter hoch – denn genau so weit war die Bäckerei entfernt, in der das Feuer ausgebrochen war. Wenn du die Säule also nach Osten umschubsen würdest, würde ihre Spitze exakt vor die Bäckerei fallen (wenn es sie noch geben würde).

Und dorthin gehst du jetzt: Die ❷ **Pudding Lane** befindet sich am Ende des Platzes. Am Eckhaus links siehst du eine Gedenktafel, die an die Bäckerei und das Große Feuer erinnert.

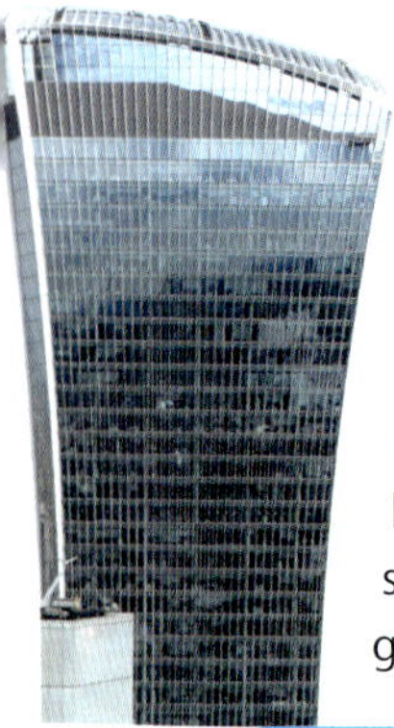

Geh die Pudding Lane nach links, dann Eastcheap nach rechts und überquere die Straße bei der nächsten Quergasse. In der Philpot Lane befindet sich der erste Wolkenkratzer unserer Tour, der wegen seiner Form 3 **Walkie Talkie** genannt wird.

Walkie Talkie hat eine kostenlos zugängliche **Aussichtsterrasse** mit einem fantastischen Blick über London! Du musst allerdings im Voraus reservieren.

- Eingang zur Aussichtsterrasse: Philpot Lane
- Monument
- Auf der Homepage siehst du, welche Zeiten verfügbar sind. Dort kannst du auch reservieren.
- € Eintritt frei
- skygarden.london

Übrigens

Dem Architekten passierte bei der Planung ein ziemlich peinlicher Fehler: Die gekrümmte Glasfassade reflektierte die Sonne so stark, dass sie Kunststoffteile parkender Autos schmelzen ließ! Deshalb montierte man nachträglich einen Sonnenschutz an der Südseite des Gebäudes.

Folge der Philpot Lane weiter, die nach der Fenchurch Street zur Lime Street wird, und bieg dann links in die Lime Street Passage ein. Hier wurde für den Film *Harry Potter und der Stein der Weisen* gedreht.

In der zweiten Quergasse links (zwischen den Eckgeschäften 47 und 39) siehst du eine blaue Tür: Sie war der Eingang in das Pub *Tropfender Kessel*, dessen Rückwand sich zur Winkelgasse öffnet.

Folge der Lime Street Passage weiter bis zum 4 **Leadenhall Market.**

Das Dach der Markthalle ist aus **Glas** und **Gusseisen.** Diese Baustoffe konnten seit der Industriellen Revolution (→ S. 10) maschinell hergestellt werden und fanden viel Verwendung, denn die vorgefertigten Teile mussten nur noch zusammengesetzt werden – das sparte Zeit und Geld.

Bieg unter der Kuppel rechts ab. Links hinter dem Markt befindet sich das 5 **Lloyd's Building.** Das Ungewöhnliche daran ist, dass der Architekt alle Aufzüge, Treppen, Lüftungen und Klos an die Außenwand des Gebäudes gelegt hat.

Und was ist drin?

Das Gebäude ist der Sitz von **Lloyd's of London,** einer traditionsreichen **Versicherung.** Begonnen hat alles vor 330 Jahren, als sich Kapitäne, Schiffsbesitzer und Kaufleute im Kaffeehaus von Edward Lloyd trafen, weil man hier immer Neuigkeiten aus der Schifffahrtsbranche erfuhr.
Die Gäste begannen, gemeinsam Schiffe und ihre Fracht zu versichern.

Der Schiffsbesitzer zahlte einen Betrag, den die Versicherer behalten durften, wenn das Schiff gut an seinem Bestimmungsort ankam. Wenn es aber unterging, mussten die Versicherer den Schaden bezahlen. Im Lauf der Zeit entwickelte sich daraus eine große Versicherung, die heute so ziemlich alles versichert – auch die Stimmbänder von Celine Dion, die Finger des Rolling-Stones-Gitarristen Keith Richards und die Beine von Tina Turner und David Beckham.

Bieg hinter Lloyd's die Lime Street links ab und geh an den beiden Hochhäusern Willis Building und 52 Lime Street vorbei zur Leadenhall Street.

Rechts gegenübers siehst du die mittelalterliche Kirche 6 **St. Andrew Undershaft.** Sie ist eines der wenigen Gebäude in der City, das noch aus der Zeit vor dem Großen Feuer stammt.

Links gegenüber der Kirche befindet sich das 7 **Leadenhall Building,** das wegen seiner Form **Cheesegrater** *(Käsereibe)* genannt wird.

Überquere die Leadenhall Street und geh zu dem auffälligen Wolkenkratzer, den die Londoner wegen seiner Form 8 **Gherkin** nennen (das bedeutet *Gurke*). Der Architekt **Norman Foster** plante das Gebäude so, dass es möglichst wenig Energie verbraucht: Es gibt eine eigene Wetterstation, die berechnet, ob die Belüftung aus den dafür eingebauten Schächten ausreicht. Nur wenn das nicht der Fall ist, schaltet sich die Klimaanlage ein.
Die vollverglaste Fassade sorgt für viel Tageslicht in den Büros – und macht das Fensterputzen ziemlich aufwendig!

Gherkin-Fensterputzer: ein Job für Schwindelfreie!

Wie viele gewölbte Glasscheiben sind in Gherkin verarbeitet?
A: 1
B: 111
C: 1111

Bieg in die Gasse links (bei der Tiefgarage) ein und halte dich rechts. Du kommst zu einer zweiten mittelalterlichen Kirche: 9 **St. Helen's Bishopsgate.**

Wieso haben die beiden Kirchen das Große Feuer heil überstanden?

A: Beide Kirchen waren von künstlichen Seen umgeben und so vor dem Feuer geschützt.

B: Der Wind blies nach Südwest, und deshalb blieb dieser Teil der City vom Feuer verschont.

C: Die Mitglieder beider Pfarren bildeten eine Löschkette um die zwei Kirchen und konnten sie so vor dem Feuer retten.

Folge der Gasse Great St. Helen's bis Bishopsgate. Geh nach links, überquere Bishopsgate an der nächsten Ampel und geh die Threadneedle Street entlang.

Auf der linken Straßenseite kommt ein Gebäude mit Turm, das wie eine Kirche aussieht. Das war früher die 10 **Königliche Börse.** Der Innenhof ist zu einem exklusiven Einkaufszentrum umgebaut worden, und deshalb kannst du dir das Gebäude auch von innen ansehen. Durchquere es und verlasse es auf der gegenüberliegenden Seite. (Wenn das Einkaufszentrum geschlossen ist, dann geh die Threadneedle Street weiter bis zum nächsten Platz.)

Das Gebäude rechts mit den acht Säulen ist die 11 **Bank von England.** In ihrem Keller lagern die Goldreserven des Landes. Sie sind **mehr als fünf Milliarden Euro** wert!

Im **Bank Museum** kannst du versuchen, einen 13 Kilo schweren Goldbarren zu heben. Er ist mehr als 500.000 Euro wert!

- Eingang: Bartholomew Lane (rechts um die Ecke)
- Bank
- Mo–Fr 10.00–17.00 Uhr, letzter Einlass 16.30 Uhr
- € Eintritt frei
- www.bankofengland.co.uk/museum

Das Gebäude mit den sechs Säulen schräg gegenüber ist 12 **Mansion House.** Hier wohnt und arbeitet der **Bürgermeister der City of London.**

Aber Achtung: Der Bürgermeister der City of London ist nicht der Bürgermeister von ganz London. Die City hat nämlich aus früheren Zeiten viele Sonderrechte – zum Beispiel das Recht auf einen eigenen Bürgermeister.

Übrigens

Früher wohnten sehr viele Menschen in der City (im Jahr 1800 waren es 128.000), aber heute hat die City nur noch **9.000 Einwohner.**
Warum?
Viele Wohnhäuser wurden abgerissen, stattdessen wurden Bürogebäude errichtet. Und in denen **arbeiten** heute **mehr als 300.000 Menschen** – die meisten von ihnen für Banken und Versicherungen.

Mansion House ist der Wohn- und Arbeitsplatz des City-Bürgermeisters, und gleich siehst du auch das Rathaus der City. Folge dazu schräg gegenüber vom Mansion House der Straße Poultry, die zu Cheapside wird. Wenn du die vierte Gasse (King Street) nach rechts schaust, siehst du das ⑬ **Rathaus der City.**

Es stammt aus dem Mittelalter und gehört auch zu den wenigen Gebäuden, die das Große Feuer überlebt haben.

Wenn du Cheapside weitergehst, siehst du gleich nach der King Street auf der linken Straßenseite die Kirche ⑭ **St. Mary-le-Bow:** eine von Christopher Wrens 52 Kirchen.

Nach der nächsten Querstraße (Bread Street) siehst du auf der linken Seite ein ⑮ **Einkaufszentrum.** Geh in den Hof und fahr mit dem Aufzug in den 6. Stock (der Aufzug fährt ab 10 Uhr). Von der Aussichtsterrasse hast du einen **tollen Blick** auf Christopher Wrens Meisterwerk, die ⑯ **St. Paul's Cathedral.**

Nimm, wenn du wieder unten angekommen bist, den Ausgang, der zu St. Paul's führt, und geh rechts durch den Park an der Kirche entlang.

Am Ende der Kirche siehst du rechts einen weißen ⑰ **Torbogen,** und – klar! – auch er wurde von Christopher Wren entworfen. Ursprünglich befand er sich 900 Meter weiter westlich und markierte die Grenze zwischen der City of London und der City of Westminster (→ S. 26).
Der mittlere Bogen war für Wagen und Kutschen, die beiden seitlichen für Fußgänger.
Weil der Verkehr im Lauf der Zeit aber stark zunahm, sollte die Straße verbreitert werden – da war der Torbogen im Weg. Deshalb wurde er im Jahr 1878 abgebaut.
Ein Bierbrauer kaufte ihn und baute ihn auf seinem Landsitz auf.

Aber im Jahr 2004 kaufte die City den Torbogen zurück. Seine 2.700 Steine wurden wieder abgebaut und hier zusammengesetzt.

Übrigens

Am ursprünglichen Standort des Bogens in der Fleet Street markiert heute das **Denkmal mit dem Drachen** die **Grenze zwischen der City und Westminster.**

Ende

Kannst du die Namen den Gebäuden zuordnen?

Walkie Talkie

Cheesegrater

Gherkin

Lloyd's Building

St. Paul's Cathedral

St. Paul's Cathedral

St. Paul's Churchyard
St. Paul's
Kirche: Mo–Sa 8.30–16.30 Uhr, letzter Einlass 16.00 Uhr
Kuppel: Mo–Sa 9.30–16.30 Uhr, letzter Einlass 16.15 Uhr
€ Eintritt
! Wenn du die Karten auf der Homepage kaufst, kosten sie 15 Prozent weniger, und du musst dich nicht am Ticketschalter anstellen.
www.stpauls.co.uk

Über die St. Paul's Cathedral

Neben der Westminster Abbey ist die Saint Paul's Cathedral die bekannteste Kirche in London.

Die alte Paulskirche war vom Großen Feuer so stark beschädigt worden, dass **Christopher Wren** den Auftrag bekam, sie neu zu bauen. Und hier siehst du, welche Kirche er sich zum Vorbild nahm:

St. Paul's Cathedral

Petersdom (Rom)

Das Problem war nur: Der Petersdom ist als Papstkirche DIE katholische Kirche schlechthin. Die Londoner Kirchenchefs wollten aber keine katholisch aussehende Kirche: Henry VIII. hatte sich ja 1534 vom katholischen Glauben abgewandt und die anglikanische Kirche gegründet (→ S. 31).
Wren musste also **tricksen:** Er zeichnete die Baupläne so, dass sie akzeptiert wurden, ließ sich aber bestätigen, dass er während des Baus alle Änderungen durchführen durfte, die er notwendig fand. Mit diesem Trick konnte er die Kirche letztendlich doch nach seinen Vorstellungen bauen.

Die St. Paul's Cathedral ist, wie der Name schon sagt, dem **heiligen Paulus** geweiht. In dem dreieckigen Giebel über den Säulen siehst du, wie Paulus (in der Mitte, auf dem gestürzten Pferd), der damals noch kein Christ war, von göttlichem Licht so stark geblendet wurde, dass er erblindete.
Als Gott ihn später wieder sehend machte, ließ Paulus sich taufen und verkündete von da an die christliche Lehre.

St. Paul's Cathedral

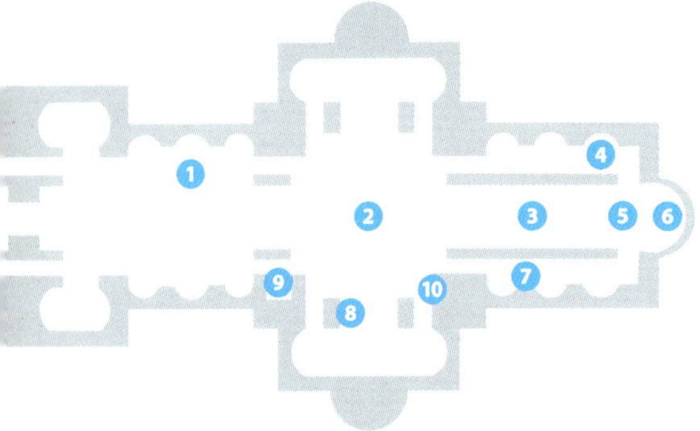

1. Denkmal Herzog von Wellington
2. Kuppel
3. Chor
4. Henry Moore: Mutter und Kind
5. Hochaltar mit Baldachin
6. Amerikanische Gedenk-Kapelle
7. Grabfigur John Donne
8. Denkmal Horatio Nelson
9. Zugang Kuppel
10. Zugang Krypta

Es geht los!

St. Paul's ist riesig! Und recht **schlicht:** Wände und Decke sind cremefarben (ohne viel Malerei), die Fenster aus klarem Glas (und nicht aus buntem). Es gibt auch nur wenige Denkmäler – wenn du schon in der Westminster Abbey warst, fällt dir der Unterschied sicher auf.
Es gibt aber auch in St. Paul's Grabmäler und Gedenksteine, doch sie befinden sich im Untergeschoss der Kirche.

Eines der wenigen Denkmäler siehst du links, wenn du im Mittelgang nach vorn gehst: das große 1 **Reiterdenkmal** für den **Herzog von Wellington.**

In den Napoleonischen Kriegen kämpfte Großbritannien gegen Frankreich. Im Jahr 1805 besiegte Lord **Horatio Nelson** die französische Flotte in der **Seeschlacht von Trafalgar,** und zehn Jahre später gelang es Herzog **Arthur von Wellington,** Napoleon in der **Schlacht von Waterloo** endgültig zu besiegen. Nun war Frankreich als Konkurrent ausgeschaltet! Großbritannien wurde das größte und mächtigste Reich der Welt – und Nelson und Wellington DIE britischen Nationalhelden.

Am Sockel des Denkmals sind Wellingtons Schlachten verzeichnet. **Findest du die Schlacht von Waterloo?**

Geh im Mittelschiff nach vorn und setz dich hin, damit du bequem zur riesigen 2 **Kirchenkuppel** hinaufschauen kannst.
Die Planung war nicht einfach: Von innen sollte die Kuppel hoch, aber nicht ZU hoch sein. Von außen sollte sie aber RICHTIG hoch sein, damit man sie auch von Weitem sehen kann.

St. Paul's Cathedral

Die Lösung: Christopher Wren baute eine **innere Kuppel** (die siehst du gerade) und darüber noch **eine zweite, äußere,** die noch höher ist. Weil das Ganze natürlich stabil sein musste (immerhin wiegt die Kuppel 65.000 Tonnen), fügte er zwischen den beiden Kuppeln einen **Kegel aus Ziegelsteinen** ein.

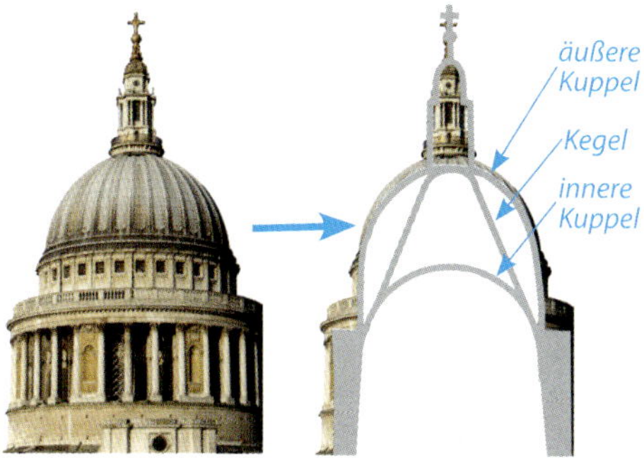

Hinter dem goldenen Gitter am unteren Ende der Kuppel siehst du wahrscheinlich Menschen – dorthin geht es etwas später.

Die Kuppel ist mit **Szenen aus dem Leben des heiligen Paulus** geschmückt.

Warum sind die Bilder nicht bunt?
Bunte Malereien galten damals als „zu katholisch" – die beige-braunen Bilder waren also ein Kompromiss.

Vergleich mal die Decke vor und hinter der Kuppel: Zum Kircheneingang hin ist sie schlicht, aber in die andere Richtung ist sie prunkvoll gestaltet, mit bunten Mosaiken.

Warum ist das so? War das nicht auch „zu katholisch"?
Im Prinzip ja, aber die Mosaike wurden erst 200 Jahre später angebracht, während der Regierungszeit von Königin Victoria – und damals legte man keinen Wert mehr auf Schlichtheit. (Victoria hatte vor dem Anbringen der Mosaike gemeint, dass die Kirche „eintönig und nicht andachtsvoll" sei.)

Vor dir befindet sich der ❸ **Chor,** in dem sich die Geistlichen und die Sänger zu den Gottesdiensten versammeln. (Du wirst ihn gleich noch besser sehen.)

Geh durch das Gitter links vom Chor in den Chorumgang. In der Kirche gibt es einige moderne Kunstwerke, und links am Ende des Ganges befindet sich das bekannteste: Es stammt von dem englischen Bildhauer **Henry Moore.** Er schuf viele menschliche Figuren – alle abstrakt und sehr vereinfacht. Diese heißt ❹ **Mutter und Kind,** und viele Kirchenbesucher sehen darin die heilige Maria mit dem Jesuskind.

Jetzt kannst du dir den Chor genauer ansehen.– Falls du dich gefragt hast, wieso die Kirche St. Paul's *Cathedral* heißt: Eine **Kathedrale** ist der **Sitz eines Bischofs,** und die St. Paul's Cathedral ist die **Kirche des Bischofs von London.** Sein Platz, die *Kathedra,* befindet sich links vorn im Chor, unter der geschnitzten Bischofsmütze.

Auch die Deckenmosaike kannst du von hier aus gut sehen: Sie zeigen, wie Gott die Erde erschaffen hat – im Mosaik beim Altar siehst du die Erschaffung der Vögel.

Der ⑤ **Hochaltar** mit dem **Baldachin** (dem Zierdach) sieht vielleicht alt aus – er ist es aber nicht. Im Zweiten Weltkrieg wurde dieser Teil der Kirche nämlich von Bomben getroffen. Deshalb wurde der Baldachin nach dem Krieg neu angefertigt. Der Künstler nahm Christopher Wrens Skizzen als Vorlage – und der wiederum hatte sich den Baldachin im Petersdom als Vorbild genommen.

Der Baldachin im Petersdom

Hinter dem Altar befindet sich die ⑥ **Amerikanische Gedenk-Kapelle.** Sie erinnert an die 28.000 amerikanischen Soldaten, die während des Zweiten Weltkriegs in Großbritannien gefallen sind. Ihre Namen sind in dem dicken Buch verzeichnet.

Am Rand der Fenster siehst du Motive, die für eine Kirche eher ungewöhnlich sind, denn sie haben alle mit den Vereinigten Staaten von Amerika zu tun.

Findest du George Washington, den ersten Präsidenten der USA?

Wenn du weitergehst, siehst du links in der Wand die ⑦ **Grabfigur** des Dichters und Priesters **John Donne.** Das Besondere an der Statue ist, dass sie noch aus der alten Pauluskirche stammt und als Einzige das Große Feuer heil überstanden hat (es fehlt nur der linke Henkel der Urne). Und – das ist jetzt etwas makaber: John Donne stand selbst für seine Grabfigur Modell und hüllte sich dafür in ein Leichentuch!

Im Kuppelbereich links befindet sich das ⑧ **Denkmal** für den zweiten britischen Nationalhelden, Lord **Horatio Nelson.** Und wie sich das bei einem Helden gehört, schauen die zwei Jungen bewundernd zu ihm auf.

⑨ Jetzt geht's die Kuppel hinauf. Zuerst kommst du zur **Flüstergalerie,** die am unteren Ende der Kuppel entlangführt.

Woher hat die Flüstergalerie ihren Namen?

Wenn du etwas in die Wand flüsterst, kann man es auf der anderen Seite der Kuppel hören!

St. Paul's Cathedral

(Es ist egal, wo du stehst. Du solltest „laut" und nahe der Wand flüstern, und dein Begleiter sollte sein Ohr an die Wand halten.)

Übrigens

Dieser Effekt war beim Bau nicht beabsichtigt, das Phänomen wurde erst später zufällig entdeckt.

Von hier aus kannst du die Bilder in der Kuppel gut sehen, und du hast einen tollen Blick in die Kirche.

Wenn du fit bist, kannst du den (ziemlich anstrengenden) Aufstieg zur **Steingalerie** und zur **Goldenen Galerie** wagen, die einen coolen Ausblick auf London bieten (einige Gebäude am Südufer der Themse sind auf S. 62–65 beschrieben).

Zwischen der Steingalerie und der Goldenen Galerie führt die Treppe übrigens zwischen der äußeren Kuppel und dem Steinkegel hinauf.

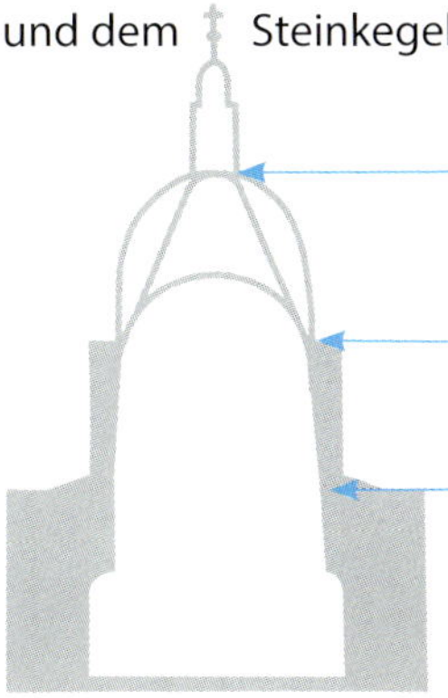

Kurz bevor du die Goldene Galerie erreichst, die um den höchsten Punkt der Außenkuppel verläuft, kannst du durch ein kleines Fenster im Boden hinunter in die Kirche schauen.

Nach dem Abstieg geht's ⑩ am Ende der Kuppel rechts in die **Krypta.** Hier sind viele berühmte Briten begraben.

Geh am unteren Ende der Treppe nach rechts. Am Ende des Ganges befindet sich rechts unter dem Fenster das **Grab** von **Christopher Wren.** Aber hier steht kein großartiges Denkmal für den genialen Erbauer der Kirche. – Eigenartig, oder?

Über dem Grab siehst du eine helle Platte mit einer lateinischen Inschrift. Und diese Inschrift bringt des Rätsels Lösung. Übersetzt lautet sie nämlich: *Leser, wenn du ein Denkmal suchst, blicke dich um!* Die ganze Kirche ist also das Denkmal für Christopher Wren!

Als Kontrast zu Wrens schlichtem Grab führt der Weg zum Ausgang an den **Gräbern** von Herzog Arthur von **Wellington** und Lord Horatio **Nelson** vorbei.

Ende

In der Nähe befindet sich Londons Stadtmuseum, das **Museum of London** (→ Plan S. 48, Infos S. 82).

Themse, Londoner Hafen

London ist mit dem Meer verbunden, denn die **Themse** fließt in die **Nordsee.** Die Stadt liegt zwar 50 Kilometer vom Meer entfernt, aber bis hierher wirken **Ebbe und Flut!**

Das wussten schon die Römer zu schätzen, als sie London vor 2000 Jahren gründeten: Bei Flut konnten sie bequem auf der Themse nach London fahren, und bei Ebbe ging's wieder zurück zum Meer.

Die Flut hatte aber auch negative Auswirkungen, denn durch sie wurde die Stadt immer wieder **überschwemmt.** Deshalb baute man in den Jahren 1974–1984 im Osten von London eine riesige Schutzanlage quer über die Themse: die **Themse-Barriere.** Seitdem kann der Fluss bei starken Flutwellen abgesperrt werden.

Übrigens

Am 20. Januar 2006 trauten die Londoner ihren Augen nicht: Ein **Wal** hatte sich verirrt und war in der Themse bis London geschwommen!

Schon seit den Römern ist London eine Handelsstadt und die Themse ein vielbefahrener **Handelsweg.** Im Lauf der Zeit nahm der Schiffsverkehr immer mehr zu, und es gab zu wenige Anlegestellen. Deshalb baute man neue Hafenbecken. London bekam den damals **größten Hafen der Welt!** REKORD

Als die britischen Kolonien nach dem Zweiten Weltkrieg unabhängig wurden (→ S. 9), war London nicht mehr die Hauptstadt eines riesigen Reichs. Dadurch ging der Handel zurück, und Londons Hafen verlor an Bedeutung.

Und dann kam auch noch die Zeit der Containerschiffe! Sie waren viel zu groß für die Hafenbecken. Die Becken mussten **geschlossen** werden, und der Hafen wurde 40 Kilometer näher zur Nordsee verlegt. Seitdem fahren auf der Themse vor allem Ausflugsschiffe.

ab 1700
Große Hafenanlagen werden gebaut.

1960er-Jahre
Die ersten Containerschiffe werden eingesetzt.

1960er-Jahre bis 1980
Londons Hafenanlagen werden geschlossen.

1984
Die Themse-Barriere wird eröffnet.

Das Südufer der Themse

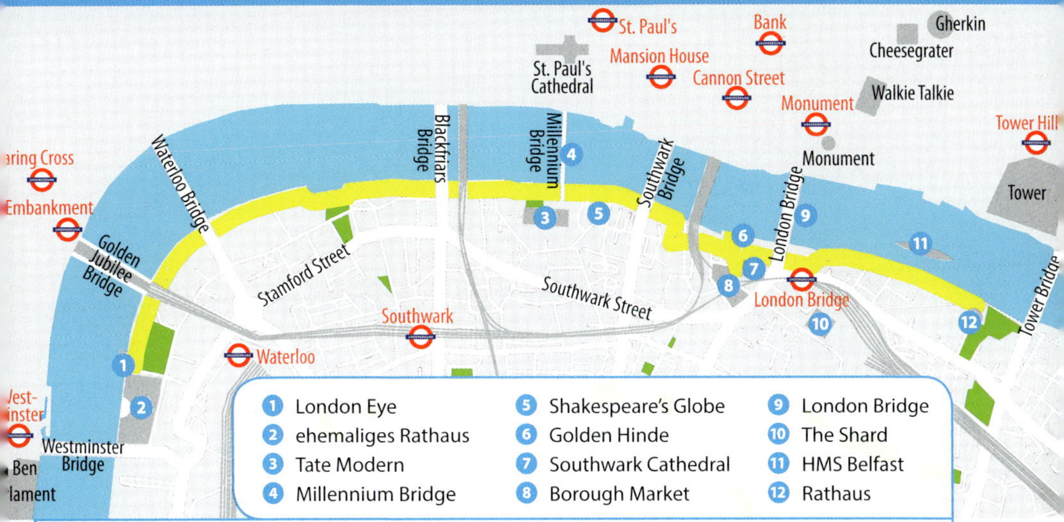

Start:
London Eye, The Queen's Walk
Waterloo, Westminster

Ziel:
Rathaus (City Hall), The Queen's Walk
London Bridge

Das Gebiet südlich der Themse **gehörte früher nicht zu London.** Es war auch schwer zu erreichen, denn bis zum Jahr 1750 war die London Bridge Londons einzige Brücke über die Themse.

Aber dann ging's los! Eine Brücke nach der anderen wurde gebaut.

Wie viele Brücken führen heute in London über die Themse?
A: 31 B: 57 C: 75

In ihrer Freizeit treffen sich die Londoner gern am Südufer der Themse. Es gibt hier mehrere **Theater, Veranstaltungshallen** und einen **Skateplatz.**
Zu Königin Elizabeths 25. Regierungsjubiläum im Jahr 1977 wurde entlang des Themse-Ufers der Fußgängerweg **Jubilee Walkway** angelegt.
Und im Jahr 2000, dem *Millennium,* das man in London groß feierte, wurden das Riesenrad **London Eye** und die **Millennium Bridge** eröffnet, außerdem übersiedelte das Museum **Tate Modern** hierher.

Du kannst am Themse-Ufer entlangspazieren, oder du siehst dir die Sehenswürdigkeiten vom Schiff aus an, wenn du einen Ausflug nach Greenwich machst (→ S. 66).

Das Südufer der Themse

Es geht los!

Das ❶ **London Eye** ist 135 Meter hoch und damit das höchste Riesenrad in Europa (und das vierthöchste weltweit). Die Fahrt in einer der 32 Gondeln dauert 30 Minuten und bietet einen tollen Blick auf London und seine Umgebung.

- ✉ The Queen's Walk
- U Waterloo, Westminster
- 🕒 Jan–Mai, Sept–Dez täglich mind. 11.00–18.00 Uhr
  Juni–Aug täglich 10.00–20.30 Uhr
  (→ Homepage)
  Im Januar ist das London Eye einige Zeit wegen Wartungsarbeiten geschlossen (→ Homepage).
- € Eintritt
- ! Wegen der langen Warteschlange vor dem Ticketschalter empfiehlt es sich, die Tickets im Internet zu buchen – dann kosten sie auch weniger. (Du musst du dich zwar trotzdem anstellen, dann aber „nur" beim Zugang für das London Eye.)
- ! Falls du auch Madame Tussauds Wachsfigurenkabinett besuchen möchtest, gibt es Kombi-Tickets.
- 💻 www.londoneye.com

Das riesige Gebäude schräg gegenüber dem London Eye war früher das ❷ **Rathaus** von London. Heute beherbergt es ein **Aquarium** (Infos unter www.visitsealife.com/london), das Gruselkabinett **London Dungeon** (Infos unter www.thedungeons.com/london) und **Shrek's Adventure** (Infos unter www.shreksadventure.com/london).

Das Gebäude der ❸ **Tate Gallery of Modern Art** (kurz: **Tate Modern**) war früher ein Kraftwerk. Doch dann wurde es zum Museum umgebaut, und seit dem Jahr 2000 beherbergt es eine der größten Sammlungen für moderne Kunst.

- ✉ Bankside
- U Southwark, Blackfriars, London Bridge
- 🕒 Mo–Do, So 10.00–18.00 Uhr
  Fr–Sa 10.00–22.00 Uhr
- € Eintritt frei
- 💻 www.tate.org.uk/visit/tate-modern
- ! Vom 10. Stock des Anbaus *Blavatnik Building* hast du einen fantastischen Blick über London.

Von der Tate Modern führt die Fußgängerbrücke ❹ **Millennium Bridge** über die Themse zur St. Paul's Cathedral und der City. Sie wurde von dem Architekten **Norman Foster** geplant.

Übrigens

Als die Brücke im Jahr 2000 eröffnet wurde, musste sie gleich wieder gesperrt werden, denn sie wackelte gefährlich! Erst zwei Jahre später konnte sie wiedereröffnet werden – seitdem wird sie **Wackelbrücke** genannt.

Das Südufer der Themse

5 **Shakespeare's Globe** ist ein Nachbau des Theaters, in dem der berühmte Schriftsteller und Schauspieler William Shakespeare mit seiner Theatertruppe auftrat.

Warum ein Nachbau?

Im Jahr 1613 feuerte man während einer Vorstellung die Bühnenkanone ab. Die Kugel setzte das Dach (das so wie heute mit Stroh gedeckt war) in Brand, und das ganze Theater brannte ab!

Auf dem Foto siehst du, dass das Globe die Form eines Ringes hat: Unter dem Dach befinden sich die Sitzplätze. Billiger waren (und sind) die Stehplätze im Hof – inklusive einer Gratis-Dusche bei Regen!

Bankside
Blackfriars, London Bridge
Führung (nur auf Englisch) inkl. Ausstellung während der Theatersaison:
Mo 9.00–17.00 Uhr
Di–Sa 9.00–12.30 Uhr
So 9.00–11.30 Uhr
außerhalb der Theatersaison:
täglich 9.00–17.00 Uhr
! Von Mitte April bis Mitte Oktober finden Theatervorstellungen (auf Englisch) statt. Infos → Homepage
€ Eintritt
www.shakespearesglobe.com

William Shakespeare (er lebte von 1564 bis 1616) ist der **berühmteste Schriftsteller Großbritanniens** – er war aber auch ein bekannter **Schauspieler.** Und vielleicht verhalf ihm genau das zum Erfolg: Er wusste genau, was auf einer Theaterbühne gut wirkte.

Shakespeare erfand die Handlungen seiner Stücke nicht selbst, sondern er übernahm sie aus alten Geschichten. Heute würde man das vielleicht „klauen" nennen, aber damals sah man das nicht so eng: Es war üblich, schon vorhandene Texte umzuschreiben. Und auch spätere Künstler wurden von Shakespeares Theaterstücken „inspiriert". Die so entstandenen Opern, Musicals und Filme haben dazu beigetragen, dass er auch heute noch auf der ganzen Welt berühmt ist.

Shakespeare schrieb ganz unterschiedliche Stücke: lustige und traurige, geschichtliche und märchenhafte. Und er prägte unsere Sprache – noch immer verwenden wir Redewendungen und Ausdrücke, die in Shakespeares Stücken zum ersten Mal vorkamen, zum Beispiel „sich in Luft auflösen" oder „auf einen Schlag".

Das Südufer der Themse

Auch das Schiff 6 **Golden Hinde** ist ein Nachbau. (*Hinde* bedeutet *Hirschkuh* – schau mal zur Galionsfigur.)
Das Original-Schiff ist längst verrottet. Mit ihm umsegelte **Francis Drake** in den Jahren 1577–1580 als erster Engländer die Erde. In England wurde er deshalb als Held gefeiert. Für die Spanier war er jedoch ein Pirat, denn auf der Reise überfiel er – mit der Zustimmung von Königin Elizabeth I. – spanische Schiffe und Siedlungen in Amerika. Die Beute war riesig, und Elizabeth erhielt einen großen Teil davon. Zum Dank dafür ließ sie Francis Drake zum Ritter schlagen.

Pickfords Wharf
London Bridge
täglich 10.00–18.00 Uhr
€ Eintritt
www.goldenhinde.co.uk

Die 7 **Southwark Cathedral** stammt aus dem Mittelalter und ist eine der ältesten Kirchen Londons.

Cathedral Street
London Bridge
Mo–Fr 9.00–17.00 Uhr
Sa 9.30–15.45 Uhr
und 17.00–18.00 Uhr
So 12.30–15.00 Uhr
und 16.00–18.00 Uhr
Letzter Einlass 30 Minuten vor Schließung.
€ Eintritt frei
www.cathedral.southwark.anglican.org

Falls dich die Tour hungrig gemacht hat, kannst du dich im 8 **Borough Market** hinter der Southwark Cathedral stärken.

Cathedral Street
London Bridge
Mo–Do 10.00–17.00 Uhr
Fr 10.00–18.00 Uhr
Sa 8.00–17.00 Uhr
€ Eintritt frei
boroughmarket.org.uk

Kennst du das Kinderlied: *London Bridge ist falling down?* Die heutige 9 **London Bridge** sieht zwar ziemlich langweilig aus, aber sie ist nach der Tower Bridge die bekannteste Brücke der Stadt. An dieser Stelle befand sich nämlich REKORD **Londons älteste Brücke** über die Themse: Schon vor 2000 Jahren errichteten die Römer hier eine Holzbrücke.
Im Mittelalter wurde sie durch eine Steinbrücke ersetzt und mit Häusern bebaut.
Bis zum Jahr 1750 blieb die London Bridge Londons einzige Themse-Brücke (damals wurde die Westminster Bridge eröffnet). Seitdem wurde sie noch zweimal durch eine neue Brücke ersetzt – die heutige London Bridge stammt aus dem Jahr 1973.

Ein Amerikaner erwarb die abgebaute Brücke, und böse Zungen behaupten, dass er glaubte, die Tower Bridge zu kaufen.

London Bridge

Das Südufer der Themse

The Shard ist so hoch, dass man seine Spitze bei Nebel oft nicht sehen kann!

Ein Stück vom Themseufer entfernt steht der Wolkenkratzer ⑩ **The Shard** (das bedeutet *Die Scherbe*). Mit 310 Metern ist er das **höchste Gebäude** REKORD **der Europäischen Union.** (Vier Monate lang war er sogar das höchste Gebäude Europas – dann wurde in Moskau ein noch höherer Wolkenkratzer eröffnet.) The Shard beherbergt Büros, Restaurants, Geschäfte, ein Hotel und zehn Luxuswohnungen.

Wenn du die Ziffern 1, 2, 4, 7 und 9 wegstreichst, erfährst du, wie teuer EINE Wohnung ist.

914674397 Millionen Euro

Außerdem gibt es eine Aussichtsterrasse, deren Besuch aber unverschämt teuer ist.

✉ Joiner Street
London Bridge
🕒 unterschiedlich → Homepage
€ Eintritt
💻 theviewfromtheshard.com

Das Kriegsschiff ⑪ **HMS Belfast** war im Zweiten Weltkrieg im Einsatz. Heute ist es ein Museumsschiff.

Die HMS Belfast ist riesig – ihre Besatzung war zwischen 750 und 950 Mann stark!

Auf neun Decks gibt es viel zu sehen: die Kommandobrücke, die Einsatzzentrale, Maschinenräume und all die Einrichtungen für das tägliche Leben an Bord: die Mannschaftskabinen und Waschräume, die Küche und Wäscherei, eine Krankenstation und eine Zahnarzt-Ordination, ein Geschäft, eine Poststation und eine Kapelle.

✉ The Queen's Walk
London Bridge
🕒 Jan–Feb: tgl. 10–17.00 Uhr
März–Okt: tgl. 10–18.00 Uhr
Nov–Dez: tgl. 10–17.00 Uhr
Letzter Einlass eine Stunde vor Schließung.
€ Eintritt
💻 iwm.org.uk/visits/hms-belfast

Beim London Eye hast du das alte Rathaus gesehen – und hier befindet sich Londons neues ⑫ **Rathaus.** Es stammt von **Norman Foster,** dem Architekten, der auch die Millennium-Wackelbrücke geplant hat.

Was hat Norman Foster nicht entworfen?

A: den Wolkenkratzer Gherkin
B: den Buckingham Palace
C: die Kuppel des Berliner Reichstags

Foster hat das Rathaus so geplant, dass es möglichst wenig Energie verbraucht – angeblich spart es im Verhältnis zu anderen vergleichbaren Bürogebäuden 75 Prozent der Energie ein.

✉ The Queen's Walk
London Bridge
🕒 Mo–Do 8.30–18.00 Uhr
Fr 8.30–17.30 Uhr
€ Eintritt frei
💻 www.london.gov.uk

Ende

Greenwich

Wie wär's mit einem Ausflug nach Greenwich? (Das spricht man *Grennitsch* aus.) Der Stadtbezirk Greenwich liegt südöstlich von Westminster und der City am **südlichen Themse-Ufer.** Hier hat alles mit der **Schifffahrt** zu tun – und natürlich fährst du auch mit dem Schiff hin!

Die Strecke wird von mehreren Schiffsgesellschaften befahren:

City Cruises
Kostenloser deutscher Audioguide; Fahrzeit Westminster – Greenwich: ca. 80 Minuten

- Abfahrt von den Piers Westminster (Westminster), London Eye (Waterloo) und Tower (Tower Hill)
- Abfahrt alle 40 Minuten (genaue Zeiten → Homepage)
- www.citycruises.com

Thames River Services
Preis ähnlich wie City Cruises; Audioguide;
Fahrzeit Westminster – Greenwich: ca. 1 Stunde

- Abfahrt von den Piers Westminster (Westminster), St. Katharine's (Tower Hill)
- Jan–März, Nov–Dez: alle 40 Minuten, April–Okt: alle 30 Minuten (genaue Zeiten → Homepage)
- www.thamesriverservices.co.uk

Thames Clippers
Billiger als City Cruises und Thames River Services; kein Audioguide;
Fahrzeit Embankment – Greenwich: ca. 45 Minuten

- Abfahrt von den Piers Embankment (Embankment), Westminster (Westminster), London Eye (Waterloo), Blackfriars (Blackfriars, wird nur eingeschränkt angefahren), Bankside, London Bridge City (London Bridge), Tower (Tower Hill)
- alle 20–30 Minuten (genaue Zeiten → Homepage)
- www.thamesclippers.com

Es geht los!

Auf der Fahrt siehst du rechts das Südufer der Themse (→ S. 61), nach der Blackfriars Bridge links die City (→ S. 48), dann den Tower (→ S. 15) und die Tower Bridge (→ S. 25).
An beiden Ufern befinden sich die **ehemaligen Lagerhäuser** des Londoner Hafens. Manche tragen noch die alte Aufschrift *Wharf,* das bedeutet *Anlegeplatz.*

Nachdem Londons Hafen geschlossen worden war (→ S. 60), standen die Lagerhäuser zunächst leer. Doch in den 1980er- und 1990er-Jahren wurden die Hafengebiete (die heute **Docklands** genannt werden) **saniert.** Die Lagerhäuser wurden zu **Luxus-Wohnanlagen** umgebaut, und hohe **Bürotürme** wurden errichtet.

In **Canary Wharf** haben sich vor allem Finanzinstitute angesiedelt, und die Gegend hat sich zu einem zweiten **Finanzzentrum** (neben der City) entwickelt.

Wenn du mit dem Schiff in Greenwich ankommst, siehst du gleich die erste Station unserer Tour: das Segelschiff **1 Cutty Sark.**

- King William Walk
- Greenwich Pier
- Cutty Sark for Maritime Greenwich (DLR)
- täglich 10.00–17.00 Uhr, letzter Einlass 16.15 Uhr
- € Eintritt
- www.rmg.co.uk/cutty-sark
- ! Wenn du die Tickets im Internet bestellst, sparst du dir die manchmal lange Warteschlange vor dem Ticketschalter, und die Tickets sind auch etwas billiger.

Cutty Sark ist der Spitzname der Galionsfigur. Er bedeutet *kurzes Hemd* – und ihre Bluse könnte wirklich etwas mehr Stoff vertragen!

Die Engländer sind begeisterte Teetrinker, und die Cutty Sark wurde im Jahr 1869 gebaut, um **Tee von China nach England** zu transportieren. Sie galt als schnellstes Segelschiff ihrer Zeit und schaffte 17 ½ Knoten (das sind 32 km/h). Und dass sie schnell war, war wichtig, denn wer zuerst mit der neuen Tee-Ernte in London ankam, konnte ihn zu einem höheren Preis verkaufen.

Die Besichtigung beginnt im **Unterdeck.** Hier und im darüberliegenden Zwischendeck wurde die Schiffsladung verstaut. 10.000 Teekisten fanden hier Platz – genug für mehr als 200 Millionen Tassen Tee!

Übrigens

Schwarzer und grüner Tee: Beide Teearten stammen von der gleichen Pflanze. Um aus ihr grünen Tee zu machen, werden die Blätter nach dem Pflücken gleich getrocknet. Für schwarzen Tee werden sie davor noch befeuchtet und gequetscht. Das führt dazu, dass sie durch den Sauerstoff in der Luft einen anderen Geschmack und ihre dunkle Farbe bekommen.

Doch schon bald, nachdem die Cutty Sark vom Stapel gelaufen war, wurden die Segelschiffe **von Dampfschiffen aus dem Teehandel verdrängt.** (Seit 1869 konnten die Dampfschiffe nämlich eine Abkürzung über den neu eröffneten Suezkanal nehmen, der das Mittelmeer mit dem Roten Meer verbindet. Wegen der ungünstigen Winde konnten Segelschiffe dort nicht fahren und mussten weiter um Afrika herumsegeln.)

Die Cutty Sark musste sich deshalb nach anderer Ladung umsehen: Ab dem Jahr 1883 transportierte sie vor allem **Wolle von Australien** nach England – drei Wollsäcke siehst du auf der mittleren Ladeluke im **Zwischendeck.**

Insgesamt gab es drei Ladeluken an Bord: Die zweite befand sich hinten am Schiff (dort, wo jetzt der Aufzug ist) und die dritte vorn, anstelle der Treppe.

Auf dem Zwischendeck kannst du auch einiges ausprobieren: Übe Seemannsknoten, gib dir das Meereswogen-Feeling auf den Wackelbänken, und versuche, auf dem Bildschirm ein Schiff von Sidney nach London zu steuern – Kapitän Woodgets Rekord waren 73 Tage!

Jetzt geht es aufs **Hauptdeck.** Hier verbrachte die Besatzung den Großteil der Zeit. Die Matrosen arbeiteten mindestens zwölf Stunden pro Tag – auch am Wochenende.
Die **Arbeit** war **sehr anstrengend** und wurde durch Hitze und Kälte, Sturm und Regen noch erschwert – stell dir vor, wie gefährlich es war, wenn die Segel bei Sturm eingeholt werden mussten! Und schau mal den Mittelmast hinauf: Dort ist gerade ein Matrose bei der Arbeit.

Die Cutty Sark mit gehissten Segeln

Das **Essen** an Bord war **nicht sehr abwechslungsreich,** denn nur wenige Lebensmittel waren monatelang haltbar (die Reise von England nach China zum Beispiel dauerte damals mindestens drei Monate).

Die Mahlzeiten bestanden vor allem aus Zwieback, Erbsen, Bohnen, Kartoffeln und in Salz eingelegtem Fleisch.

Um ein bisschen Abwechslung in den Speiseplan zu bringen, nahm man einige Tiere mit an Bord – bei der Treppe zum Bug siehst du den **Schweinestall.**

Übrigens

Ein bisschen Seemannssprache:
Bug = vorn
Heck = **h**inten

steuer**r**bord = **r**echts
backbord = links
(wenn du vom Heck zum Bug schaust)

Die Matrosen mussten natürlich auch mal – die **Klos** befinden sich links und rechts von der Treppe.

Im vorderen Deckhaus siehst du die **Mannschaftskabinen** und daneben die **Werkstatt des Zimmermanns** und die **Schiffsküche.**

In der Mitte des Schiffes siehst du wieder die **mittlere Ladeluke.** Mit der Seilwinde ließen die Matrosen die Fracht hinunter ins Zwischendeck und weiter ins Unterdeck.

Wenn du die Treppe am Heck des Schiffes hinaufgehst, kommst du auf die **Kommandobrücke.** Von hier oben wurde das Schiff gesteuert.

Der **Salon** diente als Speisezimmer, aber auch als Besprechungsraum. Nebenan hatten der **Kapitän,** der **erste und der zweite Steuermann** sowie der **Steward** ihre **Kabinen.**

Jetzt hast du alle Kabinen gesehen. Schätz mal: **Wie stark war die Besatzung der Cutty Sark durchschnittlich?**
A: 17 Mann   B: 26 Mann   C: 49 Mann

Am Schluss kannst du dir die Cutty Sark noch **von unten** ansehen.
Beim Bug befindet sich eine **Sammlung von Galionsfiguren.** Auch die Cutty Sark ist darunter, und zwar das Original, das hier vor Wind und Wetter geschützt ist. Außen am Schiff befindet sich nämlich eine Kopie – du kannst sie von hier aus sehen.

Falls du dich für ein Picknick eindecken willst, ist jetzt die beste Gelegenheit: In der Greenwich Church Street befindet sich der Supermarkt ❷ **Marks & Spencer**. Oder du stattest dem ❸ **Markt** von Greenwich einen Besuch ab, der täglich von 10.00–17.30 Uhr geöffnet ist.

Als nächstes geht's zum 4 **Schifffahrtsmuseum** (National Maritime Museum). Geh dafür den King William Walk entlang und bieg links in die Romney Road ein. Das Museum befindet sich auf der rechten Seite.

- Romney Road
- Cutty Sark for Maritime Greenwich (DLR)
- Greenwich Pier
- täglich 10.00–17.00 Uhr
- € Eintritt frei
- www.rmg.co.uk/national-maritime-museum

Weil Großbritannien eine Insel ist, war die Schifffahrt immer sehr wichtig – das Museum ist eines der größten Schifffahrtsmuseen der Welt. Hier erfährst du alles über die Geschichte der britischen Seefahrt. Besonders stolz ist das Museum auf die **Uniform,** die Lord **Nelson** in der **Schlacht von Trafalgar** trug (→ S. 38) und in der das Einschussloch der tödlichen Kugel zu sehen ist (2. Stock). Ebenfalls im 2. Stock befindet sich der Schiffssimulator, mit dem du ein Schiff steuern kannst, und die Kinder-Ausstellung *All Hands.*

Verlass das Museum durch den Parkeingang (beim Museumscafé). Jetzt geht's den Hügel hinauf, zur ehemaligen 5 **Sternwarte** (Royal Observatory). Auch sie hat mit der Schifffahrt zu tun.

Wieso?

Als die Briten immer weitere Seereisen unternahmen, verirrten sie sich auch immer öfter: Durch den Stand der Sonne zu Mittag konnten sie zwar berechnen, auf welchem Breitengrad sie sich befanden (also wie weit nördlich oder südlich sie vom Äquator entfernt waren) – sie wussten aber nicht, wie weit östlich oder westlich sie sich befanden.

Und jetzt kommt die Sternwarte ins Spiel: Die Astronomen erstellten in Greenwich eine **Karte des Nachthimmels** mit allen Sternen. Diese Karte konnten die Seefahrer mit dem Nachthimmel ihrer Position vergleichen und so berechnen, wie weit östlich oder westlich sie sich von Greenwich befanden. Greenwich war also der Ausgangspunkt, der sogenannte **Nullmeridian,** von dem die **Längengrade nach Osten bzw. Westen gezählt** wurden.

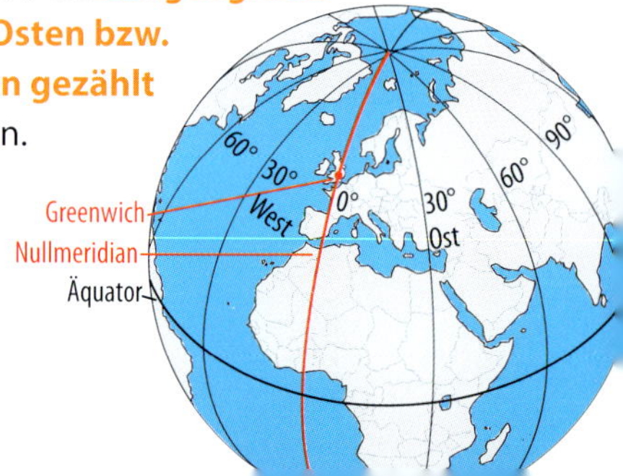

Auch die **rote Kugel** auf dem Türmchen der Sternwarte hat mit der Schifffahrt zu tun: Sie wird jeden Tag um 12.55 Uhr hochgezogen und fällt um Punkt 13.00 Uhr wieder hinunter. Nach ihr **stellten** die **Schiffe** früher ihre **Uhren,** bevor sie in See stachen, denn auch das war für die Orientierung wichtig.

Was hat denn die Uhrzeit damit zu tun?

Die Seeleute konnten ihren Längengrad auch berechnen, indem sie die Sonnenaufgangszeit ihrer Position mit der **Sonnenaufgangszeit** in Greenwich verglichen. Und dazu mussten sie natürlich wissen, wie spät es in Greenwich war.

Übrigens

Wenn man die Zeit des Sonnenaufgangs an verschiedenen Orten vergleicht, entsprechen vier Minuten Unterschied einem Längengrad.

4 min = 1 Längengrad

4 min x 15 = 60 min

15 Längengrade Entfernung bedeuten also eine Stunde Zeitunterschied.

Welche Stadt liegt auf welchem östlichen Längengrad?

Aber nicht nur die britischen Seeleute stellten ihre Uhren nach der Greenwicher Sternwarte – **die ganze Welt richtet sich nach der Zeit in Greenwich!**

Warum?

Früher hatten viele Länder ihren eigenen Nullmeridian und die meisten Städte ihre eigene Ortszeit, die sich nach der Sonne richtete: In Berlin geht die Sonne zum Beispiel 14 Minuten früher auf als in Hannover, also war die Zeit dort immer 14 Minuten voraus.

Das wurde aber zum Problem, als im 19. Jahrhundert durch die Erfindung der Dampfeisenbahn immer weitere Strecken zurückgelegt wurden – stell dir das Chaos der Zug-Fahrpläne vor, wenn in jeder Stadt eine andere Zeit gilt!

Deshalb beschloss man im Jahr **1884,** einen **einheitlichen Nullmeridian** und eine **einheitliche Zeit** einzuführen.

Aber wo sollte der Nullmeridian verlaufen?

Greenwich machte das Rennen, weil sich die meisten damaligen Seekarten nach dem Greenwich-Meridian richteten.

Greenwich

Von hier aus wurde die Erde in **24 Zeitzonen** eingeteilt, die sich jeweils um eine Stunde unterscheiden. Damit es in einem Land überall gleich spät ist, wurden die Grenzen der Zeitzonen so gezogen, dass sie nicht quer durch ein Land verlaufen, sondern entlang der Staatsgrenzen (es gibt aber ein paar Ausnahmen).

Greenwich und Großbritannien gehören zur **Westeuropäischen Zeitzone.** Weil hier die Sonne durchschnittlich eine Stunde später aufgeht als im Großteil Europas, gehen auch die britischen Uhren gegenüber unserer **Mitteleuropäischen Zeitzone** immer eine Stunde nach. Wenn es bei uns also acht Uhr ist, ist es in London erst sieben.

Der Nullmeridian verläuft durch den Hof der Sternwarte (die für Kinder nicht besonders interessant ist). Du siehst die Markierung hinter dem schwarzen Zaun. Für den Zutritt muss man bezahlen, aber es gibt auch einen „Gratis-Nullmeridian“: Rechts von der 24-Stunden-Uhr befindet sich ein kleineres Gittertor, hinter dem der Nullmeridian ebenfalls markiert ist: Du kannst dich dort mit einem Fuß auf der östlichen und dem anderen auf der westlichen Erdhälfte fotografieren lassen!

Von hier oben hast du eine tolle Aussicht! Am Fuß des Hügels befinden sich zwei gleich aussehende Gebäude mit hoher Kuppel: die ⑥ **Alte Königliche Marine-Hochschule** (Old Royal Naval College), die von **Christopher Wren** (→ S. 49) entworfen wurde. Sie war ursprünglich ein **Heim für alte und verwundete Seeleute.** Später wurden hier Marine-Offiziere ausgebildet (daher kommt der Name), und heute ist sie ein Teil der Universität Greenwich.

Davor siehst du das früher gebaute ⑦ **Queen's House** (Haus der Königin). Es wurde von **Inigo Jones** (→ S. 12) für Anne, die Frau von König James I., gebaut.

Als Christopher Wren dann das Seemannsheim plante, bestand Königin Mary II. darauf, dass die Aussicht vom Queen's House auf die Themse frei blieb. Deshalb baute Christopher Wren das Seemannsheim in zwei Teilen und ließ die Mitte frei.

Jetzt bietet sich ein Picknick im Park an – rechts unten gibt es einen großen **8 Spielplatz.**

Anschließend geht es zurück zur Cutty Sark. Schau zum anderen Themse-Ufer: Dort befanden sich früher die Hafenanlagen. Um dorthin zu gelangen, mussten die Greenwicher Hafenarbeiter Fähren benutzen. Die waren aber teuer und unzuverlässig.

Entdeckst du die Tunnel-Eingänge auf beiden Seiten der Themse?

Jetzt hast du drei Möglichkeiten:

1 Du gehst in dem **9 Fußgängertunnel** unter der Themse durch.
Der Tunnel verläuft in 15 Metern Tiefe. Auf der linken Seite siehst du Buchstaben und Zahlen: *S* steht für *Süd* und *N* für *Nord*. Zwischen *S79* und *N1* befindest du dich genau in der Mitte des Tunnels.

Was schätzt du:
Wie lang ist der Tunnel?
A: 120 Meter B: 370 Meter C: 740 Meter

Nach dem Ausgang kannst du einen letzten Blick auf Greenwich werfen: auf die Alte Königliche Marine-Hochschule, das Queen's House, die Sternwarte mit dem roten Ball und die Cutty Sark.

Beim Tunnelausgang zeigt ein Schild zur **10 DLR-Station** Island Gardens.

2 Du fährst mit der Autobuslinie 188 (Station → Plan S. 67) bis zur Endstation *North Greenwich*. Dort befindet sich die Seilbahn **Emirates Air Line** (www.emiratesairline.co.uk), die in luftiger Höhe über die Themse schwebt. Das dauert circa zehn Minuten und ist eine preisgünstige Alternative zum London Eye! Anschließend geht's mit der DLR (die Station *Royal Victoria* ist fünf Minuten entfernt) zurück in die Stadt.

3 Wenn du erschöpft bist, kannst du auch direkt von Greenwich mit der DLR in die Stadt fahren (→ Plan S. 67).

Für die Fahrten mit der DLR gilt:
Du kannst die DLR mit dem U-Bahn-Ticket benutzen (vergiss nicht, es am Ein- und am Ausgang zu entwerten). Und achte auf die Fahrerkabine, wenn der Zug einfährt: Es gibt keinen Fahrer! Die Züge der DLR sind nämlich computergesteuert.

Ende

British Museum

Great Russell Street

Tottenham Court Road, Holborn, Goodge Street

Mo–Do 10.00–17.30 Uhr

Fr 10.00–20.30 Uhr

Sa–So 10.00–17.30 Uhr

€ Eintritt frei

www.britishmuseum.org

! Bei einer längeren Warteschlange vor dem Eingang empfiehlt sich der Seiteneingang am Montague Place.

Über das Museum

Das Britische Museum ist **eines der größten und bekanntesten Museen** der Welt. Du findest hier Kunstgegenstände von überall her. Das hat auch damit zu tun, dass Großbritannien früher das größte Kolonialreich der Welt war (→ S. 9) und britische Reisende viele **Kunstwerke aus den Kolonien** mit nach Hause brachten.

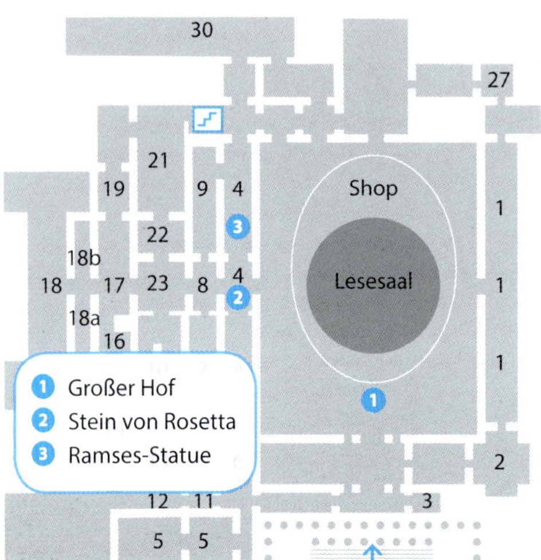

1 Großer Hof
2 Stein von Rosetta
3 Ramses-Statue

Es geht los!

Der 1 **Große Hof** mit dem runden Lesesaal in der Mitte war früher wirklich ein Hof, denn das Glasdach wurde erst im Jahr 2000 draufgesetzt. Entworfen hat es **Norman Foster,** der Architekt, der auch Gherkin geplant und den Berliner Reichstag umgebaut hat. Seitdem ist der Innenhof **Europas größter** REKORD **überdachter Platz** – er ist so groß wie ein Fussballfeld.

Auch Ägypten gehörte früher zum Britischen Reich, und die Tour beginnt links neben dem Lesesaal in der **ägyptischen Sammlung (Saal 4).** Du startest gleich mit dem berühmtesten Stück des Museums: dem 2 **Stein von Rosetta.**

Er wurde in der ägyptischen Stadt Rosetta gefunden und hat eine Inschrift in drei verschiedenen Schriften: Oben siehst du **Hieroglyphen** – sie wurden von den ägyptischen Priestern verwendet. Dann folgt der gleiche Text in **Demotisch** (der ägyptischen Alltagssprache) und darunter noch mal in **Altgriechisch** (als die Inschrift gemeißelt wurde, regierte in Ägypten die griechische Familie der Ptolemäer).

Der Inhalt des Textes ist nicht sehr spannend: Weil Pharao Ptolemäus V. die Tempel-Steuern gesenkt hatte, erklärten die Priester der Stadt Memphis, dass sie den Pharao unterstützen würden.

Und warum ist der Stein so berühmt?
Als er im Jahr 1799 gefunden wurde, konnte man die **Hieroglyphen** noch nicht **entziffern.** Mit seiner Hilfe gelang es dem französischen Sprachwissenschaftler Jean-François Champollion, dieses Rätsel zu lösen!

Wie hat er das geschafft?
Die altgriechische Schrift war bekannt. Champollion **verglich** nun **den altgriechischen Text mit den beiden unbekannten ägyptischen Schriften.**
Zuerst fand er heraus, dass in den Ovalen (zum Beispiel in der sechsten Zeile von oben) von rechts nach links geschrieben der Name des Pharaos Ptolemäus (Ptolmys) steht.

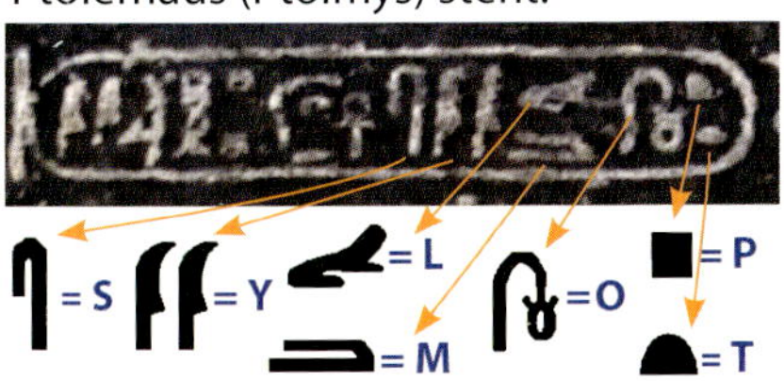

Damit war der erste Puzzlestein gefunden! Stück für Stück gelang es Champollion, auch die anderen Hieroglyphen zu entziffern.

Schreibe deinen Namen in Hieroglyphen.

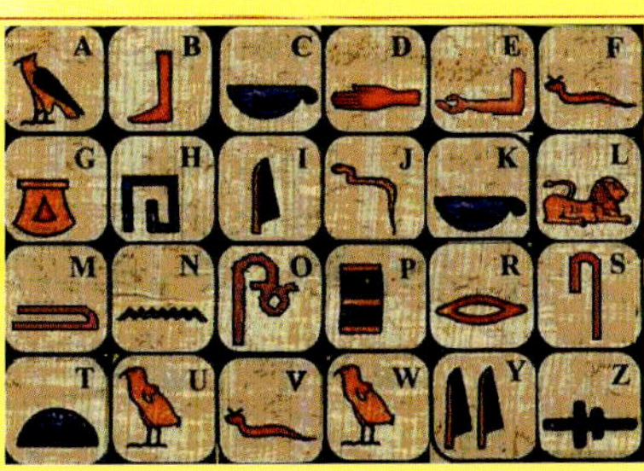

Rechts vom Stein siehst du das Oberteil einer riesigen ❸ **Statue** von **Pharao Ramses II.**
Ramses trägt das Pharaonen-Kopftuch und die ägyptische Krone. Auch der künstliche Bart war ein Zeichen seiner königlichen Stellung.
Die Statue zeigt aber nicht, wie Ramses wirklich ausgesehen hat, denn die Pharaonen-Denkmäler sollten ein **perfektes Bild der Herrscher** vermitteln: jung und schön. Und sie sollten die Untertanen durch ihre Größe **beeindrucken.**

Ramses war der Meister der Selbstdarstellung: Kein anderer Pharao ließ so viele Denkmäler von sich anfertigen. Und nicht nur das: Ramses ließ seinen Namen sogar in die Statuen anderer Pharaonen einmeißeln!

circa 1270 v. Chr.

Übrigens

Das **runde Loch** in Ramses' Brust stammt wahrscheinlich von französichen Soldaten, die im Jahr 1798 versuchten, das schwere Denkmal zu transportieren. (Sie schafften es aber nicht. Erst 17 Jahre später gelang es den Briten, zumindest das Oberteil der Statue wegzubringen. Das Unterteil befindet sich noch immer im Ramses-Palast in Theben.)

British Museum

Jetzt geht's zu den Mumien! Geh zum Ende des Saals, verlass ihn und steig die Treppe hinauf (oder fahr mit dem Aufzug zu *Level 3*).

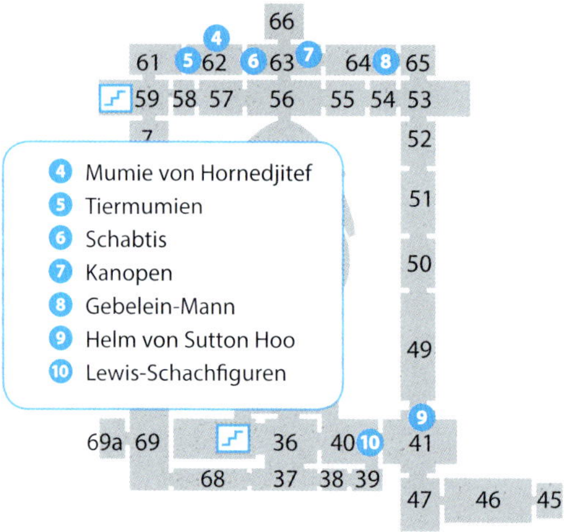

Geh in Saal 61 (neben der Treppe) und dann rechts in **Saal 62.** Das Britische Museum besitzt **über 100 Mumien!** Sie liegen in kunstvoll geschmückten Särgen. Die Hieroglyphen darauf sind Gebete und Zaubersprüche, die den Toten beschützen sollten und ihm Tipps gaben, wie er sich im Totenreich zurechtfinden konnte (also sozusagen ein Reiseführer für das Jenseits).

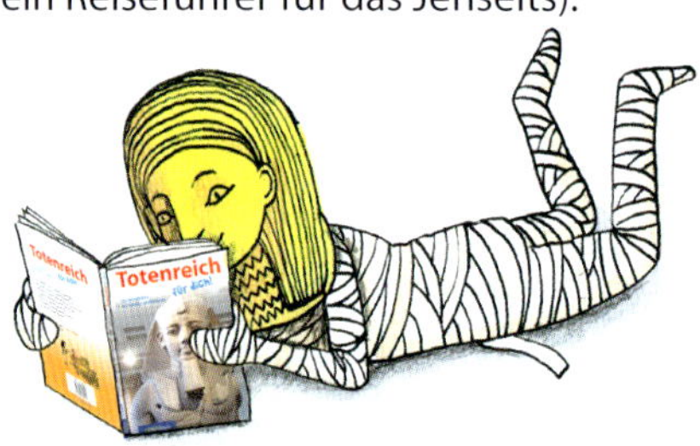

Im Mittelgang links sind die 4 **Mumie und die beiden Sarkophage des Priesters Hornedjitef** ausgestellt.

Auf dem Innensarg siehst du Schutz-Hieroglyphen, und auch die sechs Götter links und rechts auf dem Sarg sollten Hornedjitef auf seiner Reise ins Jenseits beschützen.

Die Mumie wurde noch nie ausgewickelt, weil man befürchtet, dass sie dabei kaputtgehen könnte. Aber mit Hilfe der Computertomographie (einer Röntgen-Methode, die normalerweise bei lebenden Menschen angewendet wird) konnten die Forscher die Mumie untersuchen – sie wissen jetzt, dass Hornedjitef unter Rückenschmerzen litt. Na ja ... (Man fand dabei aber auch andere Dinge heraus, zum Beispiel, dass viele Glücksbringer in die Leinenbinden eingewickelt sind.)

circa 240 v. Chr.

Und warum mumifizierten die Ägypter ihre Toten?

Sie glaubten, dass ihre **Seele in den toten Körper zurückkehren** und in ihm **weiterleben** würde. Dabei gab es aber ein Problem: Sobald ein Mensch stirbt, beginnen Bakterien, seinen Körper zu zersetzen. Der Leichnam musste also vor Verwesung geschützt werden.

Und wie machten die Ägypter das?

Bakterien brauchen Feuchtigkeit, und davon gibt es in unserem Körper genug: Wir bestehen zu zwei Dritteln aus Wasser – bei 60 Kilogramm sind das immerhin 40 Liter.

Der Trick war also, bei der Mumifizierung alle **Feuchtigkeit** aus dem Körper zu **entfernen.** Und das ging so:

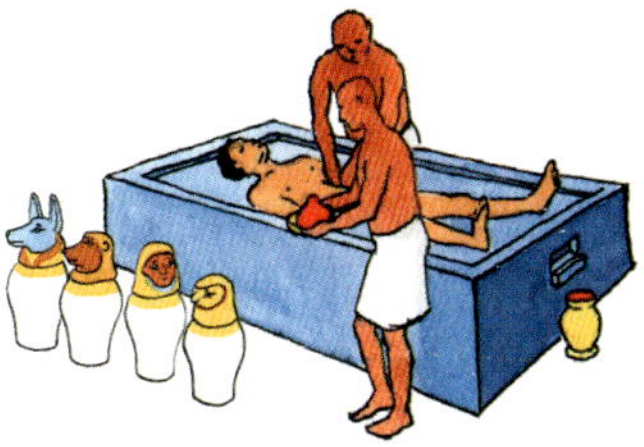

Zuerst wurden die inneren Organe entnommen. Sie wurden in speziellen Gefäßen, den Kanopen, aufbewahrt. (Das Herz ließ man im Körper, denn das brauchte der Verstorbene später für das Toten-Gericht.)

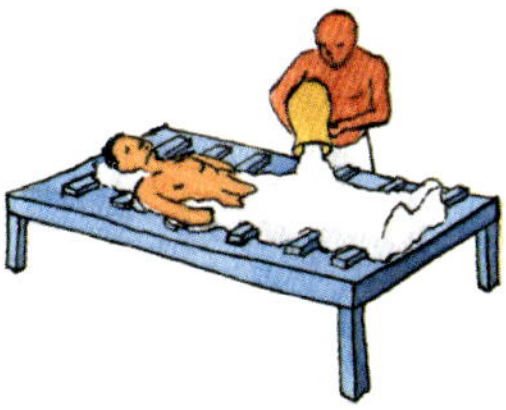

Dann wurde der Leichnam mit Salz bedeckt. Das Salz entzog dem Körper die Flüssigkeit und trocknete ihn aus.

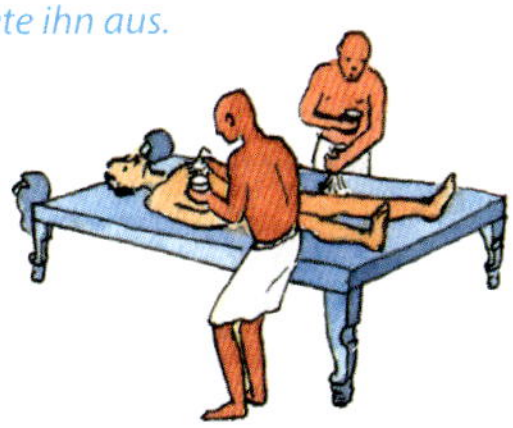

Damit der Körper seine Form behielt und nicht zusammenfiel, wurde er mit Leinen, Sägespänen, Erde oder Sand ausgestopft.

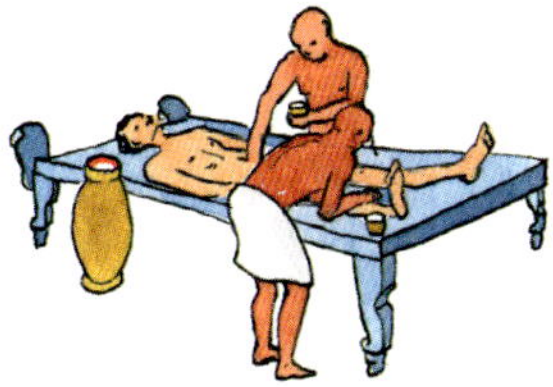

Natürlich sollte keine neue Feuchtigkeit in den Körper eindringen. Deshalb wurde er mit Öl eingerieben und die Haut so verschlossen.

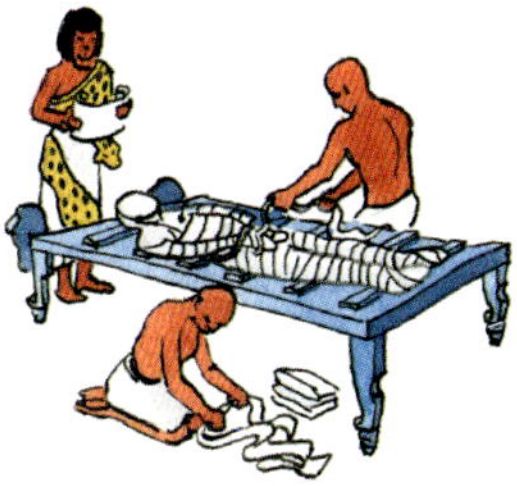

Am Schluss wurde der Tote in Leinenbinden gewickelt. – Fertig war die Mumie!

Die Ägypter verehrten zahlreiche **Götter.** Viele hatten **Tierköpfe,** und die Menschen glaubten, dass die entsprechenden Tiere Vermittler zu diesen Göttern wären. Deshalb mumifizierten sie die Tiere und brachten sie den Göttern als Geschenk.

Reiche Ägypter ließen aber auch ihre Lieblingstiere mumifizieren. Links und rechts neben dem Eingang von Saal 62 siehst du einige

5 **Tier-Mumien.**

nach 30 v. Chr.

Welches Tier ist nicht in den Vitrinen ausgestellt?

A: Krokodil B: Stier C: Hund

British Museum

Die Ägypter stellten sich das Totenreich ähnlich wie das Leben auf der Erde vor. Deshalb gaben sie den Verstorbenen **Schabtis** mit ins Grab: kleine Figuren, die **alle Arbeiten** für die Toten **verrichten** sollten.

Links und rechts neben dem Eingang von **Saal 63** sind 6 **Schabtis** ausgestellt.

Am Ende des linken Seitengangs siehst du 7 **Kanopen,** in denen die inneren Organe der Toten aufbewahrt wurden.

Einen Toten zu **mumifizieren** war **sehr teuer.** Nur reiche Ägypter konnten sich das leisten. Es gab zwar auch einfachere und daher billigere Formen der Mumifizierung, aber auch die waren für viele Ägypter zu teuer. Sie wurden deshalb im Wüstenboden begraben.
In **Saal 64** siehst du einen 8 **Mann, der vor 5500 Jahren** – noch vor der Erfindung der Mumifizierung – in der ägyptischen Stadt Gebelein **starb.** Er wurde in der Wüste begraben, und der heiße Sand trocknete seinen Körper aus und mumifizierte ihn so.

Wir bleiben beim Thema Begräbnis, reisen aber vom Alten Ägypten ins **mittelalterliche England.** Geh dafür weiter in Saal 65, dann nach rechts bis **Saal 41.**

Als Forscher im Jahr 1939 bei Ausgrabungen in dem ostenglischen Ort Sutton Hoo in einen Hügel gruben, erlebten sie eine Überraschung: Sie fanden ein 27 Meter langes Schiff! Und das war noch nicht alles: Das Schiff war ein mittelalterliches **Grab für einen Adeligen** (vielleicht sogar für einen angelsächsischen König). Der Tote war mit kostbaren Grabbeigaben bestattet worden: dem **Schatz von Sutton Hoo.**

Das wertvollste Stück ist der 9 **Helm von Sutton Hoo.** Er war in Hunderte Stücke zerbrochen, doch die Forscher haben ihn, so gut es ging, wieder zusammengesetzt. Und damit du siehst, wie prächtig der Helm früher war, haben sie auch eine Nachbildung angefertigt.
Der Helm ist mit Tieren geschmückt: Schnurrbart, Nase, Augenbrauen und Stirn bilden einen nach oben fliegenden Vogel, die Augenbrauen enden in zwei Wildschweinköpfen. An den Schnabel des Vogels stößt ein zweites, drachenähnliches Wesen an, das über den Helm kriecht. Die Forscher glauben, dass die Tiere den Träger des Helms beschützen sollten.

circa 600–650 n. Chr.

Geh nach rechts in **Saal 40.** Auch die ⑩ **Lewis-Schachfiguren** stammen aus dem Mittelalter. (Sie heißen so, weil sie auf der **schottischen Insel Lewis** gefunden wurden.)

Erkennst du die Figuren?
König und **Königin** sitzen auf dem Thron. Der König hält ein Schwert auf den Knien, die Königin stützt ihr Kinn nachdenklich auf die Hand.
Statt der Läufer gibt es **Bischöfe** mit Bischofsmütze und Bischofsstab.
Die Springer sind die **Pferde mit Ritter.**
Statt Türmen gibt es **Kämpfer** mit Schwert und Schild.
Nur die **Bauern** erkennt man nicht – sie sehen eher aus wie Grabsteine.

Wenn du die Harry-Potter-Filme kennst, kommen dir die Figuren vielleicht bekannt vor: In *Harry Potter und der Stein der Weisen* spielen Harry und Ron zu Weihnachten Zauberschach – mit den Lewis-Schachfiguren!

Und falls du dir überlegst, wie man mit den Schachfiguren spielen soll, weil ja alle die gleiche Farbe haben: Früher war die Hälfte der Figuren bemalt, aber nicht, wie es heute üblich ist, schwarz, sondern rot.

ca. 1150–1200 n. Chr.

Nach dem nächsten Saal geht's die Treppe wieder hinunter, dann nach links in den Großen Hof, wieder links zum Stein von Rosetta und an ihm vorbei in **Saal 8 und 10** (links neben Saal 23).

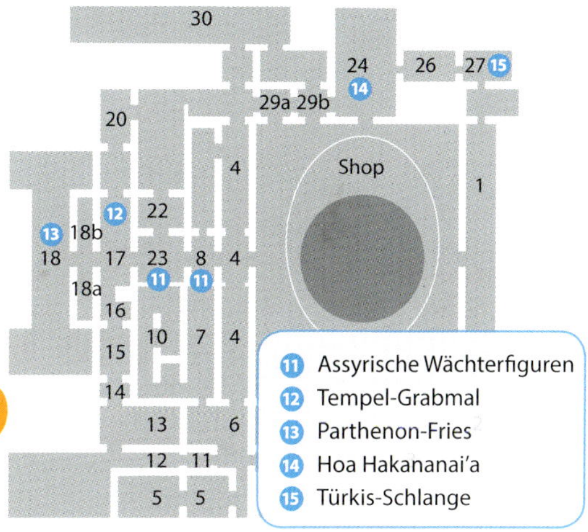

Links siehst du vier ⑪ **riesige Wesen mit Flügeln und Männerkopf:** Drei haben den Körper eines Stiers und das vierte den eines Löwen (das erkennst du an den Beinen und am Schwanz).
Sie stammen aus dem **Assyrischen Reich,** standen an Stadt- und Palasttoren und sollten die Bewohner **vor dem Eindringen böser Geister schützen.**

Fällt dir etwas Ungewöhnliches an den Torwächtern auf?

circa 865–860 v. Chr. (Löwe und Stier) bzw. circa 721–705 v. Chr. (die beiden Stiere)

Als nächstes kommst du zu einer der größten Besucherattraktionen des Museums. Geh dafür weiter in **Saal 17.**

Vor fast 2500 Jahren bauten die Griechen auf dem Akropolis-Hügel in Athen den **Parthenon-Tempel.** Er war **Athene geweiht,** der griechischen Göttin der Weisheit, die auch die Schutzgöttin der Stadt war.

Der Parthenon-Tempel in Athen heute

Vor 200 Jahren **ließ** der britische Botschafter Lord **Elgin** einen **Großteil des Tempel-Frieses abschlagen** (ein Fries ist ein waagrechter Zierstreifen, der um ein Gebäude führt). Er brachte ihn nach London und verkaufte ihn dem Britischen Museum.

Wirklich bekannt ist der Fries, weil die Griechen ihn zurückhaben wollen und deswegen seit langer Zeit mit dem Museum streiten.

Weil du gleich den Fries, aber nicht den ganzen Tempel sehen wirst, ist es praktisch, dass rechts im Saal ein ⑫ **Grabmal** ausgestellt ist, das die **Form eines griechischen Tempels** hat.

So ähnlich – aber viel größer – kannst du dir den Parthenon-Tempel vorstellen: Er stand auf einem hohen Podium. Breite Stufen führten hinauf zur Vorhalle, hinter der sich der Hauptraum mit einer zwölf Meter hohen Statue von Athene befand. (Sie war also so hoch wie ein vierstöckiges Haus!)

Das Grabmal ist von Säulen umgeben, und wenn du durch die Säulen auf das eigentliche Gebäude schaust, siehst du oben den Fries, der rund um das Grabmal führt.

Den ⑬ **Fries vom Parthenon-Tempel** siehst du im nächsten **Saal 18.** Er zeigt den **Festzug zum Tempel,** den die Athener immer am **Geburtstag der Göttin** veranstalteten. Und ein Geburtstagsgeschenk gab es natürlich auch: Jedes Jahr bekam die Göttin (das heißt: ihre zwölf Meter große Statue) ein neues Kleid.

Der Festzug beginnt beim Saaleingang. Die Athener teilen sich nach links und rechts auf, um zu Athene zu gehen.

Folge ihnen. **Findest du die Göttin?**
Das ist sie.

Der Mann und das Kind links von Athene halten ein Stück Stoff: das Geburtstags-Kleid.

Geh noch mal zurück in den Großen Hof und dann links in **Saal 24.** Wir machen einen riesigen Sprung in den Pazifischen Ozean: auf die **Osterinsel.**

Übrigens

Die Osterinsel liegt zwischen Südamerika und Australien, gehört zu Chile und heißt so, weil die ersten Europäer dort am Ostersonntag des Jahres 1722 gelandet sind.

⑭ **Hoa Hakananai'a** ist eine von vielen Hundert Statuen, die mit dem Rücken zum Meer standen und die Insel bewachten. Die Forscher glauben, dass die Statuen wichtige **Vorfahren der Inselbewohner** darstellen.
Hoa Hakananai'a ist mit 2,4 Metern übrigens relativ klein – die größten Statuen sind fast zehn Meter groß!

Jetzt geht's zur letzten Station unserer Tour. Geh rechts durch Saal 26 in **Saal 27.** Die ⑮ **Türkis-Schlange mit den zwei Köpfen** stammt aus der Zeit der **Azteken,** die im 15. Jahrhundert über das Gebiet des heutigen Mexiko herrschten.

Die Schlange ist aus Holz geschnitzt und mit kleinen Türkis-Steinchen besetzt. Die Zähne sind Schneckenhausstückchen, die Münder und Nasen rote Muschelschalen.

Vielleicht war die Türkis-Schlange Teil eines Kopfschmucks, und vielleicht hat sie sogar dem letzten Aztekenherrscher gehört:

Die Schlange ist sehr kostbar – für die Azteken war das Mineral **Türkis** nämlich **wertvoller als Gold!** Außerdem hatten Schlangen in der aztekischen Religion einen **hohen Stellenwert** – auch einige Götter haben das aztekische Wort für Schlange, *Coatl,* in ihrem Namen: Quetzal*coatl,* Xiuh*coatl,* Mix*coatl* und *Coatl*icue.

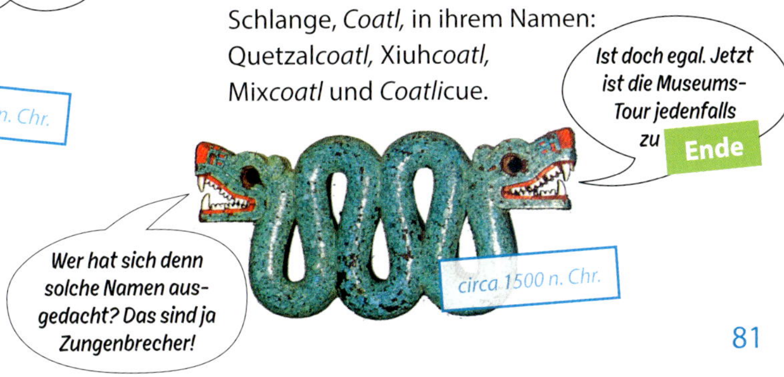

Noch mehr Museen

Natural History Museum

Das Museum ist eines der größten Naturhistorischen Museen der Welt! Es ist in vier Bereiche eingeteilt: Highlight der Blauen Zone sind die Dinosaurier.

In der Grünen Zone gibt es eine Ausstellung über Spinnen und andere Krabbeltiere *(Creepy Crawlies)*. In der Roten Zone wird ein Erdbeben in einem japanischen Supermarkt simuliert.
Und in der Orangen Zone kannst du Wissenschaftlern bei der Arbeit zusehen.

- Cromwell Road
- South Kensington
- täglich 10.00–17.50 Uhr, letzter Einlass 17.30 Uhr
- Eintritt frei
- www.nhm.ac.uk
- Wenn sich vor dem Museumseingang eine Warteschlange gebildet hat, dann geh zum Seiteneingang in der Exhibition Road (rechts um die Ecke).

Science Museum

Das Science Museum beschäftigt sich mit Wissenschaft und Technik. In der Ausstellung *Making the Modern World* im Erdgeschoss siehst du technische Errungenschaften, die unser Leben stark beeinflusst haben: zum Beispiel die älteste noch erhaltene Dampflokomotive *(Puffing Billy)*, die einen 50 Tonnen schweren Zug ziehen konnte, oder die Kommandokapsel des Raumschiffs Apollo 10, in der drei amerikanische Astronauten im Mai 1969 zum Mond flogen (das war die „Generalprobe" vor der ersten Mondlandung, die dann am 20. Juli stattfand).

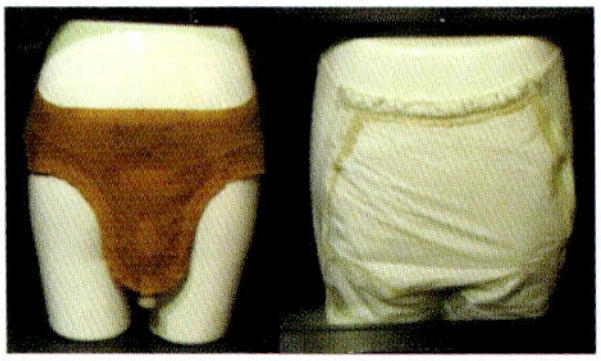

Weltraum-Unterhosen

- Exhibition Road
- South Kensington
- täglich 10.00–18.00 Uhr, letzter Einlass 17.15 Uhr
- Eintritt frei
- www.sciencemuseum.org.uk

Museum of London

Das Museum erzählt 450.000 Jahre Londoner Geschichte. Durch ein Fenster in der *Roman Gallery* siehst du Reste der römischen Stadtmauer.

Du erfährst vom Großen Feuer, siehst eine Gefängniszelle aus dem 18. Jahrhundert und kannst durch eine Geschäftsstraße aus der Viktorianischen Zeit bummeln (erinnert sie dich auch an Harry Potter?).
Besonders stolz ist das Museum auf die rot-goldene Kutsche des Lord Mayors (das ist der Bürgermeister der City). Einmal im Jahr, zur Lord Mayor's Show, verlässt sie das Museum: Dann fährt der Lord Mayor in ihr durch die City.

- 150 London Wall
- Barbican, St. Paul's
- täglich 10.00–18.00 Uhr
- Eintritt frei
- museumoflondon.org.uk

Und sonst noch

Harry Potter

Der Besuch im Harry- Potter-Filmstudio (30 Kilometer nordwestlich von London) ist spektakulär! Hier siehst du Hogwarts Große Halle, Dumbledores Büro, die Winkelgasse, den Hogwarts Express und noch viel mehr aus den Harry-Potter-Filmen.

- Warner Bros. Studio Tour London, Studio Tour Drive, Leavesden
- Mit Bahn und Bus oder Shuttlebus zu erreichen → Homepage
- Auf der Homepage siehst du, welche Eintrittszeiten verfügbar sind.
- € Eintritt
- www.wbstudiotour.co.uk
- ! Du solltest die Tickets so früh wie möglich bestellen – sie sind oft lange im Voraus ausverkauft.

Auch der **Bahnsteig 9 ¾** ist ein tolles Fotomotiv!

- Bahnhof King's Cross
- King's Cross St. Pancras
- immer zugänglich
- € Eintritt frei

Madame Tussauds

Falls du noch nicht bei der Queen zum Tee eingeladen warst – hier kannst du ihr einen Besuch abstatten! Und auch berühmte Schauspieler, Sänger und Sportler erwarten dich in Madame Tussauds Wachsfigurenkabinett.

- Marylebone Road
- Baker Street
- Standardöffnungszeit:
  Mo–Fr 10.00–16.00 Uhr (letzter Einlass)
  Sa–So 9.00–17.00 Uhr (letzter Einlass)
  Während der Ferien längere Öffnungszeiten → Homepage
- € Eintritt
- madametussauds.co.uk/london
- ! Die Warteschlange vor dem Ticketschalter ist meistens sehr lang. Wir empfehlen dir, dein Ticket im Internet zu bestellen – dann kostet es auch weniger.
- ! Falls du auch das London Eye besuchen möchtest, gibt es Kombi-Tickets.

Für Fußballfans: Wie wäre es mit einer **Stadiontour** bei den bekannten Clubs **Arsenal** oder **Chelsea?**

Arsenal Stadium Tour & Museum

- Emirates Stadium, Drayton Park
- Arsenal, Holloway Road
- Mo–Fr 10.00–17.00 Uhr
  Sa 9.30–18.00 Uhr
  So 10.00–16.00 Uhr
  Letzter Einlass eine Stunde vor Schließung.
- € Eintritt
- www.arsenal.com

Chelsea Stadium Tour & Museum

- Stamford Bridge, Fulham Road
- Fulham Broadway
- täglich 9.30– mind. 17.00 Uhr, letzte Tour 15.00 Uhr
- € Eintritt
- www.chelseafc.com

Harrods ist **Londons größtes** und bekanntestes **Kaufhaus.** REKORD Die Lebensmittelabteilung *(Food Halls)* im Erdgeschoss ist riesig, und auch die Spielwarenabteilung (*Toys)* im 4. Stock solltest du dir nicht entgehen lassen!

- 87–135 Brompton Road
- Knightsbridge
- Mo–Sa 10.00–21.00 Uhr
  So 11.30–18.00 Uhr
- € Eintritt frei
- www.harrods.com

Suchrätsel

Im Buch haben sich versteckt:

- ▢ ein Tennisschläger
- ▢ ein Tintenfass
- ▢ eine Teekanne
- ▢ zwei Weingläser
- ▢ ein hellgrüner Rucksack
- ▢ eine hellgrüne Schultasche
- ▢ ein Schlüsselbund
- ▢ vier Fässer
- ▢ zwei rote Telefonzellen
- ▢ ein Fernseher
- ▢ ein Fernrohr
- ▢ ein Zylinder
- ▢ eine Kochmütze
- ▢ noch eine Kochmütze
- ▢ eine Nachtmütze
- ▢ ein gelber Bauarbeiterhelm
- ▢ ein roter Teppich
- ▢ eine Ente
- ▢ noch eine Ente
- ▢ eine Möwe
- ▢ noch eine Möwe
- ▢ ein Rabe
- ▢ eine Taube
- ▢ eine Maus
- ▢ eine Katze
- ▢ eine tote Katze
- ▢ ein Hund
- ▢ ein beiges Pferd
- ▢ ein verpackter Elefant
- ▢ ein Dinosaurier
- ▢ ein Thron
- ▢ noch ein Thron
- ▢ und 24 Kronen

Findest du sie?

Ein bisschen Englisch

Das Wichtigste

Hallo! Guten Tag!	*Hello! / Hi!*
Guten Morgen!	*Good morning!*
Guten Abend!	*Good evening!*
Tschüss!	*Bye-bye!*
Auf Wiedersehen!	*Goodbye!*
ja	*yes*
nein	*no*
bitte	*please*
danke	*thank you*
Gern geschehen!	*You're welcome!*
Entschuldigung!	*Excuse me!*
Tut mir leid.	*I'm sorry.*
Wie bitte?	*Pardon?*

Damit du nicht verhungerst

essen	*eat*
trinken	*drink*
Brot	*bread*
Brötchen / Semmel	*roll*
Nudeln	*pasta*
Reis	*rice*
Pommes frites	*chips*
Chips	*crisps*
Eis	*ice cream*
Wasser	*water*
Mineralwasser	*mineral water*
Saft	*juice*
Milch	*milk*
Glas	*glass*
Flasche	*bottle*

Dies und das

Ich möchte …	*I'd like …*
Haben Sie …?	*Do you have …?*
Wieviel kostet das?	*How much is it?*
Wo ist …?	*Where is …?*
Hotel	*hotel*
Museum	*museum*
Kirche	*church*
Geschäft	*shop*
Klo	*toilet, loo*
links	*left*
rechts	*right*
geradeaus	*straight on*
heute	*today*
gestern	*yesterday*
morgen	*tomorrow*
offen	*open*
geschlossen	*closed*

Zahlen

0	*zero*	16	*sixteen*
1	*one*	17	*seventeen*
2	*two*	18	*eighteen*
3	*three*	19	*nineteen*
4	*four*	20	*twenty*
5	*five*	21	*twenty-one*
6	*six*	30	*thirty*
7	*seven*	40	*forty*
8	*eight*	50	*fifty*
9	*nine*	60	*sixty*
10	*ten*	70	*seventy*
11	*eleven*	80	*eighty*
12	*twelve*	90	*ninety*
13	*thirteen*	100	*hundred*
14	*fourteen*	200	*two hundred*
15	*fifteen*	1000	*thousand*

„Stell dir vor, gestern hat mich Prinz Charles angerufen!", erzählt Gregory seinem Freund Sam.
„Cool! Was hat er gesagt?"
„Entschuldigung, falsch verbunden."

Die Schüler mussten als Hausaufgabe den Klassenausflug ins Science Museum beschreiben. Als die Lehrerin den Aufsatz von Simon durchliest, sagt sie: „Du hast die gleiche Arbeit abgegeben wie letztes Jahr deine Schwester."
„Ja", antwortet Simon, „das Museum ist ja auch noch immer dasselbe."

„Jetzt weiß ich endlich, warum die Engländer so begeisterte Teetrinker sind." – „Wieso?" – „Ich habe gerade ihren Kaffee probiert."

Ein Taxi steht auf der Oxford Street im Stau. Nervös fragt der Fahrgast: „Geht's nicht schneller?" – „Für Sie schon", antwortet der Taxifahrer, „aber ich muss bei meinem Wagen bleiben."

Die Queen fährt mit einem Staatsgast in der Kutsche zum Buckingham Palace. Plötzlich hebt eines der Pferde den Schweif und furzt. Es stinkt fürchterlich.
Der Queen ist das peinlich, und sie sagt: „I'm so sorry!"
Darauf der Staatsgast: „Das macht nichts, Eure Hoheit. Ich habe gedacht, es war das Pferd."

Die Schulklasse steht beim Museumsbesuch vor einem Denkmal.
Emily fragt: „Wer ist das?"
Cathie: „Queen Victoria."
„Und warum steht da 1819–1901?"
„Ist doch logisch: Das ist ihre Telefonnummer."

Lily zeigt ihrem amerikanischen Cousin Tom London. Sie gehen an der St. Paul's Cathedral vorbei. Tom fragt: „Wie lange hat es gebraucht, die Kirche zu bauen?"
„36 Jahre", sagt Lily.
Tom gibt an: „In Amerika hätte man das in 36 Tagen geschafft!"
Als sie an der National Gallery vorbeigehen, fragt Tom wieder: „Wie lange hat es gedauert, bis sie fertig war?"
„Sechs Jahre", antwortet Lily.
„Also wir hätten dafür sechs Tage gebraucht."
Als sie dann am Buckingham Palace vorbeigehen und Tom schon wieder fragt: „Wie lange habt ihr dafür gebraucht?", antwortet Lily genervt: „Ich weiß nicht – gestern stand er noch nicht da."

Ein Bobby sitzt auf einer Parkbank und weint. Eine Frau fragt, was passiert ist. Der Polizist: „Mein Hund ist weggelaufen!" Die Frau tröstet ihn: „Der findet sicher wieder aufs Polizeirevier zurück." „Der Hund schon, aber ich nicht."

Der Sohn von David Beckham bringt sein Zeugnis nach Hause: „Daddy, mein Vertrag mit der ersten Klasse wurde erfolgreich verlängert!"

Bill möchte sich das Musical „König der Löwen" ansehen. Er geht zur Kasse und kauft eine Karte. Nach drei Minuten kommt er noch mal und kauft noch eine Karte. Drei Minuten später die nächste. Beim vierten Mal fragt die Dame an der Kasse: „Warum brauchen Sie eigentlich so viele Karten?" – „Am Eingang steht ein Mann, der zerreißt sie mir immer!"

Der kleine Henry kommt bei Harrods zum Informationsstand und sagt: „Wenn eine furchtbar aufgeregte Frau kommt und sagt, sie hat ihr Kind verloren, dann sagen Sie ihr bitte, dass ich in der Spielwarenabteilung bin."

Bei Browns klingelt es. Ein Polizist steht vor der Tür und fragt: „Ist jemand in Ihrer Familie Hobbyfunker?" – „Ja, mein Sohn. Das ist doch nicht verboten?"
„Im Prinzip nicht", antwortet der Polizist, „aber gerade sind alle Schiffe der britischen Marine ausgelaufen."

Der FC Arsenal hat das Fussballmatch 3 : 0 verloren. Am nächsten Tag macht der Trainer mit der Mannschaft einen Rundgang durch das Stadion.
„So", sagt er, „wo die Fotografen sind, wisst ihr ja. Den Standort der Fernsehkameras kennt ihr auch – jetzt zeige ich euch, wo die Tore stehen."

Familie Müller macht Urlaub in London und übernachtet in einem uralten Hotel. Um Mitternacht werden die Töchter Lea und Lilli wach: Es knarrt und raschelt draußen auf dem Flur. Jemand stöhnt fürchterlich.
„Sind das Gespenster?", fragt Lea ängstlich.
„Sieh nach", flüstert Lilli.
„Sieh du nach", flüstert Lea zurück. „Du kannst besser Englisch als ich."

London-Quiz

Wenn du die richtigen Buchstaben an der vorgesehenen Stelle einsetzt, erhältst du den Lösungssatz: einen Ausspruch, der ursprünglich der Name eines Theaterstücks von William Shakespeare war.

Finde die folgenden Sehenswürdigkeiten und Plätze in London und streiche sie durch. Schreib dann den Buchstaben des letzten freien Kästchens an die Stelle **9** des Lösungssatzes.

- Big Ben
- British Museum
- Buckingham Palace
- Chinatown
- Greenwich
- HMS Belfast
- Hyde Park
- London Bridge
- London Eye
- Museum of London
- Parlament
- Piccadilly Circus
- Science Museum
- Tate Modern
- The Shard
- Tower Bridge
- Tower of London
- Trafalgar Square
- Westminster Abbey

E	R	A	U	Q	S	R	A	G	L	A	F	A	R	T
L	S	C	I	E	N	C	E	M	U	S	E	U	M	P
Y	M	H	M	S	B	E	L	F	A	S	T	T	E	I
E	U	M	H	L	X	D	E	Y	U	T	X	O	C	C
B	S	U	G	Y	E	Z	I	J	H	N	W	W	A	C
B	E	E	B	U	D	T	Y	E	R	Z	F	E	L	A
A	U	S	F	I	U	E	S	F	O	U	Y	R	A	D
R	M	U	X	S	G	H	P	F	Y	D	J	O	P	I
E	O	M	G	Z	A	B	F	A	U	Z	G	F	M	L
T	F	H	U	R	I	D	E	I	R	A	X	L	A	L
S	L	S	D	F	X	U	D	N	D	K	F	O	H	Y
N	O	I	G	R	E	E	N	W	I	C	H	N	G	C
I	N	T	N	W	O	T	A	N	I	H	C	D	N	I
M	D	I	L	O	N	D	O	N	E	Y	E	O	I	R
T	O	R	P	A	R	L	A	M	E	N	T	N	K	C
S	N	B	N	R	E	D	O	M	E	T	A	T	C	U
E	T	O	W	E	R	B	R	I	D	G	E	L	U	S
W	E	G	D	I	R	B	N	O	D	N	O	L	B	L

Wer gründete London?

die Römer .... G
die Angelsachsen .... E
die Normannen .... O

13

Wie viele Menschen leben in London?

8,9 Millionen .... E
5,7 Millionen L
1,2 Millionen .... F

4

Welcher Fluss fließt durch London?

der Hudson River .... N
die Westminster I
die Themse L

10

Wie heißt die Königsfamilie?

Windsor .... S
Hannover .... A
Slotover .... M

12

Welche Burg ließ William der Eroberer bauen?
den Palace of Westminster .... B
den Buckingham Palace .... A
den Tower of London .... U

6

In welchem Stil ist die Westminster Abbey gebaut?
im viktorianischen Stil .... A
im klassizistischen Stil L
im gotischen Stil .... T

15

Wer gründete die anglikanische Kirche?
Henry VIII. .... G
Horatio Nelson .... O
Edward der Bekenner .... D

5

Wo wohnt die englische Königin?
im Palace of Westminster ...... O
im Tower of London .... R
im Buckingham Palace .... T

7

Wie heißt Großbritanniens berühmtester Schriftsteller?
William Shakespeare .... U
Ben Jonson L
Harry Potter .... F

14

Worunter hatte London im Jahr 1666 zu leiden?
unter dem Großen Feuer .... N
unter dem Wilden Sturm .... O
unter der Hohen Flut .... T

2

Wer baute die St. Paul's Cathedral?
Christopher Wren .... D
Inigo Jones .... O
Norman Foster .... M

3

Wer siegte und starb 1805 in der Seeschlacht von Trafalgar?
Heinrich VIII. .... W
Horatio Nelson .... E
Elizabeth I. .... R

11

Was befindet sich in Greenwich?
die Themse-Barriere .... W
der Nullmeridian .... A
die London Bridge .... S

8

Wie heißt der höchste Wolkenkratzer der Europäischen Union?
Walkie Talkie .... W
Cheesegrater I
The Shard .... E

1

Lösungssatz:

_ _ _ _   _ _ _,
1 2 3 4   5 6 7

_ _ _ _ _   _ _ _!
8 9 10 11 12   13 14 15

Lösungen

Seite 4:

Seite 15:

Seite 23-1: Ein Klo befindet sich links vom Kamin, zwei weitere beim Durchgang vom ersten zum zweiten Raum *(Norman Garderobe)*.

Seite 23-2: Hier endete der Abfluss der Klos – von hier aus floss und purzelte alles auf den Boden!

Seite 24: Antwort B

Seite 29: Die Bodenplatte befindet sich ziemlich am Ende des Ganges, vor der messing-verzierten Grabplatte von John Hunter. Sie ist eine Nachbildung – den Original-Grabstein siehst du rechts in der Wand.

Seite 31: Auf dem Fenster sind auch vier Piloten dargestellt! Es wurde nämlich erst nach dem Zweiten Weltkrieg hergestellt und erinnert an die Soldaten, die 1940 in der Luftschlacht um England getötet wurden.

Seite 32: William Shakespeare

Seite 35: Antwort C

Seite 38: Antwort A

Seite 39: Sie befindet sich neben dem Denkmal für Henry Havelock.

Seite 41: Antwort A

Seite 44: Antwort C

Seite 46: Antwort B

Seite 51: Antwort A – nur die Kappe auf der Spitze von Gherkin ist gewölbt.

Seite 52: Antwort B

Seite 54:

Cheese-grater | Gherkin | Walkie Talkie | St. Paul's Cathedral | Lloyd's Building

Seite 56: Die Schlacht von Waterloo ist auf der gegenüberliegenden Seite in der Mitte verzeichnet.

Seite 58: George Washington ist im rechten Fenster rechts oben dargestellt.

Seite 61: Antwort A

Seite 65-1: 63 Millionen Euro

Seite 65-2: Antwort B

Seite 69: Antwort B

Seite 71:
0 Grad – Greenwich
2 Grad – Paris
7 Grad – Bern
12 Grad – Rom
13 Grad – Berlin
16 Grad – Wien

Seite 73-1:

Seite 73-2: Antwort B

Seite 77: Antwort C

Seite 79: Die Wächter haben fünf Beine! Sie sollten nämlich sowohl von vorn wie auch von der Seite vollständig wirken und vor Geistern aus beiden Richtungen schützen.

Seite 80: Athene befindet sich rechts gegenüber vom Eingang.

Seite 81: Montezuma

Seite 84:
- Tennisschläger: S. 36
- Tintenfass: S. 11
- Teekanne: S. 41
- zwei Weingläser: S. 21
- hellgrüner Rucksack: S. 10
- hellgrüne Schultasche: S. 51
- Schlüsselbund: S. 22
- vier Fässer: S. 38
- zwei rote Telefonzellen: S. 45
- Fernseher: S. 87
- Fernrohr: S. 70
- Zylinder: S. 10
- Kochmützen: S. 46, 69
- Nachtmütze: S. 49
- gelber Bauarbeiterhelm: S. 54
- roter Teppich: S. 52
- zwei Enten: S. 60, Rückseite
- zwei Möwen: Titelbild, S. 38
- Rabe: S. 24
- Taube: S. 46
- Maus: S. 81
- Katze: S. 72
- tote Katze: S. 77
- Hund: S. 26
- beiges Pferd: S. 61
- verpackter Elefant: S. 9
- Dinosaurier: S. 82
- Throne: S. 33, 52
- Kronen: S. 8, 19, 20 (6 – und ein Diadem), 21 (5), 22 (2), 26, 32, 33, 41, 44 (4), 52

Seite 88 – 89:

E	R	A	U	Q	S	R	A	G	L	A	F	A	R	T
L	S	C	I	E	N	C	E	M	U	S	E	U	M	P
Y	M	H	M	S	B	E	L	F	A	S	T	T	E	I
E	U	M	H	L	X	D	E	Y	U	T	X	O	C	C
B	S	U	G	Y	E	Z	I	J	H	N	W	W	A	C
B	E	E	B	U	D	T	Y	E	R	Z	F	E	L	A
A	U	S	F	I	U	E	S	F	O	U	Y	R	A	D
R	M	U	X	S	G	H	P	F	Y	D	J	O	P	I
E	O	M	G	Z	A	B	F	A	U	Z	G	F	M	L
T	F	H	U	R	I	D	E	I	R	A	X	L	A	L
S	L	S	D	F	X	U	D	N	D	K	F	O	H	Y
N	O	I	G	R	E	E	N	W	I	C	H	N	G	C
I	N	T	N	W	O	T	A	N	I	H	C	D	N	I
M	D	I	L	O	N	D	O	N	E	Y	E	O	I	R
T	O	R	P	A	R	L	A	M	E	N	T	N	K	C
S	N	B	N	R	E	D	O	M	E	T	A	T	C	U
E	T	O	W	E	R	B	R	I	D	G	E	L	U	S
W	E	G	D	I	R	B	N	O	D	N	O	L	B	L

- die Römer
- die Themse
- 8,9 Millionen
- Windsor
- den Tower
- im gotischen Stil
- Henry VIII.
- im Buckingham Palace
- William Shakespeare
- unter dem Großen Feuer
- Christopher Wren
- Horatio Nelson
- der Nullmeridian
- The Shard

Lösungssatz: Ende gut, alles gut!

Register

Mitglieder der königlichen Familie sind lila gedruckt.

Bildnachweis:
AP: Aaron Chown: 44 o.l., 44 u.M.r., 44 u.r.
Fotolia: Guillaume Besnard: 13 o.l., 34, fasphotographic: 60 u.l.,
Marta Reimpell: 82 l., rolf_52: 80 l., sborisov: 55 u.M., smartin69: 12 u.l., 27,
stocksolutions 41 u.l.
IMAGNO/Roger Viollet: 21 u.l., IMAGNO/TopFoto: 4, 44 u.l., 44 u.M.l., 90 o.l.
Wikipedia: Jebulon: 58 l., Jacob Truedson Demitz für Ristesson History
(Southerly Clubs of Stockholm): 32

Alle anderen Fotos: Verlag Lonitzberg

Du hilfst uns helfen – danke!
Der Verlag Lonitzberg spendet 10 Prozent des Gewinns für Projekte, die Kindern und Jugendlichen in Entwicklungsländern eine Ausbildung ermöglichen (weitere Infos unter www.lonitzberg.at).

Die Angaben in diesem Buch wurden nach bestem Wissen erstellt und sorgfältig überprüft. Dennoch können sich Fehler eingeschlichen oder Öffnungszeiten u. Ä. geändert haben. Wir bitten, dies zu berücksichtigen.

Für Hinweise und Korrekturen sind wir dankbar: info@lonitzberg.at

Ebenfalls erhältlich

Die Reihe wird fortgesetzt.

Amersham
Chesham
Chalfont & Latimer
Chorleywood
Rickmansworth
Watford
Croxley
Moor Park
Northwood
Northwood Hills
Pinner
North Harrow
Harrow-on-the-Hill
West Ruislip
Hillingdon
Uxbridge
Ickenham
Ruislip
Ruislip Manor
Eastcote
Ruislip Gardens
South Ruislip
Northolt
Greenford
Perivale
Hanger Lane
Rayners Lane
West Harrow
Northwick Park
Preston Road
South Harrow
Sudbury Hill
Sudbury Town
Alperton
Watford Junction
Watford High Street
Bushey
Carpenders Park
Hatch End
Headstone Lane
Harrow & Wealdstone
Kenton
South Kenton
North Wembley
Wembley Central
Stonebridge Park
Harlesden
Willesden Junction
Kensal Green
Queen's Park
Kilburn Park
Maida Vale
Stanmore
Canons Park
Queensbury
Kingsbury
Wembley Park
Neasden
Dollis Hill
Willesden Green
Kilburn
Edgware
Burnt Oak
Colindale
Hendon Central
Brent Cross
Golders Green
Hampstead
Belsize Park
Chalk Farm
Hampstead Heath
Gospel Oak
Kentish Town West
Kensal Rise
Brondesbury Park
Brondesbury
West Hampstead
Finchley Road & Frognal
Camden Town
Finchley Road
Swiss Cottage
St. John's Wood
Mornington Crescent
Euston
Kilburn High Road
South Hampstead
Warwick Avenue
Paddington
Edgware Road
Marylebone
Baker Street
Great Portland Street
Warren Street
UNDERGROUND
Royal Oak
Westbourne Park
Ladbroke Grove
Latimer Road
Edgware Road
Bayswater
Regent's Park
Goodge Street
Tottenham Court Road
Oxford Circus
Bond Street
Lancaster Gate
Marble Arch
Park Royal
North Ealing
West Acton
North Acton
East Acton
White City
Shepherd's Bush
Notting Hill Gate
Ealing Broadway
Wood Lane
Holland Park
Queensway
Green Park
Leicester Square
Hyde Park Corner
Piccadilly Circus
Acton Central
Shepherd's Bush M.
Kensington (Olympia)
High Street Kensington
Knightsbridge
South Acton
Ealing Common
Goldhawk Road
Barons Court
Gloucester Road
Victoria
St. James's Park
Charing Cross
Acton Town
Hammersmith
Chiswick Park
Turnham Green
Stamford Brook
Ravenscourt Park
West Kensington
Earl's Court
South Kensington
Sloane Square
Westminster
South Ealing
Northfields
Boston Manor
Osterley
Hounslow East
Hounslow Central
Hounslow West
Hatton Cross
Heathrow Terminals 2 & 3
Heathrow Terminal 4
Heathrow Terminal 5
Gunnersbury
Kew Gardens
Richmond
West Brompton
Fulham Broadway
Parsons Green
Putney Bridge
East Putney
Southfields
Wimbledon Park
Wimbledon
Imperial Wharf
Clapham Junction
Wandsworth Road
Pimlico
Vauxhall
Clapham High Street
Clapham North
Clapham Common
Clapham South
Balham
Tooting Bec
Tooting Broadway
Colliers Wood
South Wimbledon
Morden